Flores Lázaro

ALBERT EINSTEIN

Título original:
Albert Einstein
Flores Lázaro

Texto original:
© 1973-1977 • **ARIEL** • **JUVENIL ILUSTRADA**

Segunda edición © 2019 • **ARIEL** • **JUVENIL ILUSTRADA**
Calle Nueva Ventura N58-102 y Juan Molineros
Telf: 328 4494 / 328 1868
e-mail: editorial@radmandi.com
www.radmandi.com
Quito - Ecuador

Coordinación general: Lucas Marcelo Tayupanta
Dirección del proyecto: Jonathan Tayupanta Cárdenas
Diseño y diagramación: Andrés Felipe Rodríguez
Ilustración portada: Nelson Jácome
Ilustraciones: Nelson Jácome

ISBN: 978-9978-18-443-1

Todos los derechos reservados.

CONSEJO EDITORIAL DE HONOR

Benjamín Carrión

Alfredo Pareja Diezcanseco

Hernán Rodríguez Castelo

Rafael Díaz Ycaza

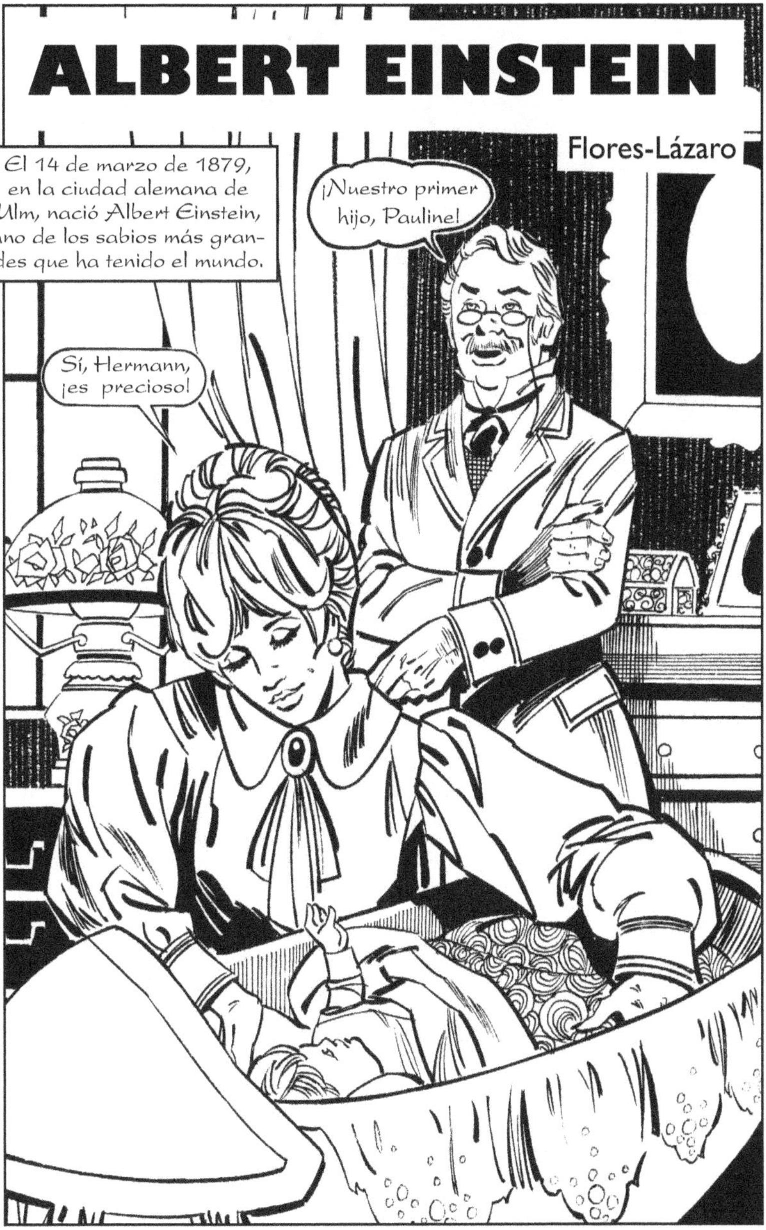

*Una infancia venturosa es uno de
los mejores regalos que los padres
pueden hacer a sus hijos.*
MARY CHOLMONDELEY

CAPÍTULO I

El 14 de marzo de 1879, en la ciudad alemana de Ulm, vino al mundo Albert Einstein, el niño que con el paso de los años desvelaría extraordinarios secretos del universo y que, por lo tanto, llegaría a ser uno de los sabios más grandes de nuestro mundo.

Su nacimiento se celebró con gran alegría. Era el primer hijo del matrimonio formado por Hermann Einstein y Pauline Koch, feliz pareja de origen judío que tenía un pequeño comercio de electrónica. Tuvieron que abandonar su negocio antes de que su hijito cumpliese un año para probar mejor fortuna en Múnich, que había tenido durante mil años su propio rey mientras fue un estado independiente.

Pocos años antes del nacimiento de Albert Einstein, Baviera tuvo que renunciar a su independencia uniéndose a Prusia y a otros estados alemanes, para formar el nuevo imperio. Este estaba regido por el caudillo estadista Otto von Bismark, el que justamente fue llamado el «Canciller de Hierro», por su gobierno firme, poderoso y despótico. Su autoridad y disciplina también se difundió en las escuelas, convirtiendo a los maestros en rígidos sargentos, como si las aulas fueran cuarteles del ejército.

Al pequeño Albert Einstein esta férrea y despótica autoridad no le gustaba. Los maestros siempre se mostraban impacientes y parecían interesarse más en respuestas vivas y prontas —aunque fueran equivocadas—, que en respuestas meditadas. Contrariamente a todo esto, a los seis años, él era un niño paciente, sosegado y tranquilo, que ya empezaba a preguntarse el porqué de todas las cosas, no gustándole dar respuestas atropelladas sin antes meditar profundamente sobre lo que tenía que decir. Por eso no era extraño que, impacientándose por la calma de aquel niño, alguno de sus maestros exclamara delante de toda la clase:

—¡Este niño es tonto! ¡No es capaz de aprender las cosas más sencillas!

Naturalmente, toda la clase se divertía y los chiquillos se emocionaban adivinando un nuevo castigo para aquel compañero que no les simpatizaba, estallando en risas cuando el colérico maestro ordenaba:

—No mires al techo como un estúpido y levántate. ¡Sal al corredor y permanecerás allí hasta el mediodía! ¡Fuera!

Cuando llegaba este castigo, el pequeño Albert Einstein obedecía aliviado. Aquello era mejor que recibir delante de todos sus compañeros una tunda con el bastón del maestro, aunque en el corredor hiciera mucho frío y sus pies se cansaran de permanecer allí durante horas hasta el término de la jornada. Al menos, fuera de la clase, no tendría que responder a preguntas ridículas e inútiles.

Además, podía dar rienda suelta libremente a su viva imaginación, fijándose en los árboles del jardín, en el maravilloso volar de los pájaros, en la blancura de la nieve, la gente con su ir y venir por las calles y mil cosas más que reclamaban su atención. Una imaginación lúcida y siempre despierta, pero que le resultaba muy difícil concretar en palabras, que siempre salían de su boca de forma lenta y torpe.

Ciertamente, Albert Einstein jamás desobedecía deliberadamente. Por más que se esforzara, no podía contestar con la rapidez de otros niños: él necesitaba pensar, meditar antes de hablar, y esto tomaba su tiempo. Un tiempo que los rígidos maestros no parecían estar dispuestos a concederle y por eso llovían sobre él los castigos.

Pero cuando regresaba a su casa las cosas eran muy distintas. Hermann y Pauline Einstein amaban tiernamente a su hijo y se mostraban muy pacientes con la lentitud, aunque algunas veces se preocupaban secretamente por él. Recordaban que Albert había sido ya lento para aprender a hablar, no interesándose al crecer por las cosas con las que otros niños de su edad se deleitaban. Sí, su pequeño era un niño serio y reposado, que prefería mantenerse alejado y solo cuando los otros chiquillos se ponían a jugar y retozar en el jardín.

Pero su alejamiento de los otros niños era una soledad rica y llena de ideas y pensamientos. A veces recogía la hoja de un árbol y se maravillaba contemplando sus diminutas venas y su maravillosa estructura. O bien permanecía sentado e inmóvil junto a un río o lago, fijándose en los pequeños rizos del agua movida

por el viento. Y por las noches, cuando se lo permitían, era capaz de pasarse horas y horas fijándose en las lejanas estrellas, como si mudamente pidiera hablar con ellas.

Todo esto le hacía decir a su tío Rudy, cuando acompañaba a los Einstein con su hija Elsa a alguna excursión por el campo:

—Fijaos en vuestro hijo. Albert es tan serio que jamás juega o bromea con los otros niños. ¡Y eso que mi traviesa Elsa le anima! Pero él simplemente se sienta y mira a lo lejos, a través del lago.

—Está callado porque piensa —siempre defendía a su hijo Pauline Einstein—. ¡Esperen y ya verán! ¡Algún día mi pequeño Albert será profesor!

Todos reían de buena gana la ocurrencia de aquella madre paciente y cariñosa. Solo los estudiantes más aplicados y talentosos podían aspirar a lograr alguna vez tan honrosa posición, considerada en toda Alemania como una de las mejores metas para alcanzar. Pero, aunque bromeaban con aquella aspiración descabellada de Pauline Einstein, todos querían al pequeño Albert, y la casa con frecuencia estaba llena de tías, tíos, primos y otros parientes, reunidos en armonía para realizar viajes de fin de semana a las cercanas montañas y lagos bávaros.

Albert gozaba lo indecible en estas excursiones porque amaba mucho el campo y la naturaleza. El silencioso niño se sentía feliz paseando por los senderos de los bosques, en los que la luz del sol se filtraba a través de los árboles formando dibujos caprichosos sobre el suelo. Y no es que no se mostrase también feliz en su tranquilo hogar, donde su pequeña hermanita Maya, de cuatro años, siempre le daba la bienvenida con un fuerte abrazo, cuando regresaba de aquel horrible colegio donde nadie le comprendía y todo el mundo le metía prisa.

Pero el campo, las montañas, los lagos, los ríos y todo cuanto concernía a la naturaleza, sencillamente le fascinaba y le fascinó siempre, hasta su muerte.

En la casa, mientras su hermanita Maya jugaba dichosa con sus muñecas o sus cochecitos, Albert desaparecía silenciosamente para deslizarse dentro de los arbustos en el rincón más apartado del jardín. Agazapado, permanecía allí hasta que salían a buscarle y le encontraban pasando sus dedos infantiles sobre las hojas caídas o contemplando las hormigas que, afanosas siempre en su constante trabajar, se escabullían en la tierra húmeda y generosa.

Cuando caía enfermo y sus padres se preocupaban más que nunca de él, se desesperaban al no poder encontrar ningún juguete que le divirtiera en las horas de cama que debía guardar. Albert no se quejaba y parecía tranquilo reposando sobre la cama, contemplando el jardín por la amplia ventana, aceptando las medicinas que le curarían el catarro y le bajaran la fiebre, pero sin interesarse por nada más. Hasta que un día su paciente padre tuvo una gran idea.

Pasó ante el escaparate de una tienda y se fijó en una pequeña brújula, comprándola para su hijo y diciendo a la esposa al regresar a casa:

—Estoy seguro que esto le interesará a Albert.

—¿Esa cajita con la aguja que se mueve crees que podrá atraer la atención de nuestro hijo? —preguntó, incrédula, la mujer.

—Ya lo verás. Albert se interesa por todas las fuerzas de la naturaleza. Siempre me hace preguntas de ese tipo.

Hermann Einstein se acercó a la cama de su hijo, diciéndole esperanzado al ofrecerle el regalo:

—Fíjate bien, hijo mío: ¡una cajita misteriosa con una aguja mágica!

—¿Por qué dices que es mágica, papá? —musitó el niño.

—¡Observa bien, Albert! Vuelve la caja en la dirección que quieras y siempre, siempre, esa porfiada aguja apuntará solamente hacia una dirección.

—¿Por qué, papá?

—Hazlo y verás.

El pequeño Albert Einstein obedeció a su padre y por más que volvió una y otra vez la cajita mágica en todas direcciones, siempre la tenaz aguja imantada se empeñaba en señalar una única dirección. Quedó vivamente interesado, sus ojos infantiles brillaron con más intensidad y el chorro de preguntas no tardó en brotar de sus labios:

—¿Por qué, papá? ¿Por qué esa aguja siempre señala en esa dirección?

—No sé si lo entenderás, hijo. Es el magnetismo de la tierra el que la atrae.

Era la primera vez que el niño oía aquella palabra y balbuceó:

—¿Has dicho el mag... mag... qué, papá?

El señor Einstein se mostraba feliz del interés que al fin despertaba en su hijo con aquel juguete, pero respondió:

—No importa, Albert. Aún eres muy pequeño para comprenderlo.

—¡Inténtalo, papá, por favor!

—Bien... Es tan solo una fuerza misteriosa que tiene ese nombre caprichoso. ¡Juega ahora con tu cajita y diviértete, hijo mío!

—¡Pero es que yo quiero saber, papá! ¡Quiero saber por qué hace eso esta aguja!

El pobre señor Einstein sudó un poco antes de volver a rehuir:

—Bueno... Tendrás que preguntárselo a tu tío Jacob. ¡Él es ingeniero y sabe más que yo de todo eso!

Hasta que el tío Jacob pudo satisfacer, en parte, su gran curiosidad, durante días el pequeño enfermito permaneció en la cama jugando con su brújula maravillosa. Lenta, muy lentamente, le daba vueltas para ver si aquella misteriosa aguja dejaba de marcar en la misma dirección. Daba a la pequeña brújula pequeños golpes, la inclinaba, la ponía vertical, volcada, ¡de todas formas! Pero hiciera lo que hiciera, en cuanto quedaba libre la tenaz aguja para girar, oscilaba dando vueltas para señalar hacia el norte.

Las ideas infantiles de Albert Einstein debieron de empezar entonces a remolinar también en su despejada cabeza. Inconscientemente y por primera vez en su vida, se daba cuenta de que en la naturaleza había fuerzas misteriosas y cosas que no podían ser vistas ni tocadas. Cosas que apenas podían imaginarse.

—¡Esas cosas a mí me gustaría explicármelas! ¡Descubrirlas! —empezó a exigirse a él mismo, entrando por este camino en el mundo maravilloso de la ciencia.

Sin embargo, a sus nueve años, era el último en la escuela elemental y los rígidos maestros continuaban castigándolo. Sus compañeros de clase también seguían burlándose de él, por aquel empeño obstinado que ponía en no contestar una sola palabra sin antes meditar la suya y tener la total seguridad de que era absolutamente correcta. ¡Aunque tan noble empeño le valiera una paliza!

Debido a esto, por esas fechas, Albert Einstein se ganó el apodo de «El honrado Juan», y aunque lo hicieron de una forma burlona, cuando en los juegos sus compañeros degeneraban en altercados, lo elegían como el árbitro porque en el fondo confiaban ciegamente en su estricto sentido de la rectitud y la justicia, incapaz de doblegarse ante nada.

Cuando cumplió diez años, los Einstein vieron con grandes temores la iniciación de su hijo al matricularse en el gimnasio del Instituto Luitpold. Había terminado último en la escuela primaria, donde se le conoció como un estudiante perezoso y lerdo, y mal podría aspirar en el nuevo centro educativo a una plaza en la universidad. En Alemania, se daba el nombre de «gimnasio» a la escuela preparatoria, y todo aquel que deseara cursar alguna carrera, forzosamente tenía que conseguir un diploma en un centro así. Y por desgracia, a lo largo de sus años en Luitpold, no fue nada más que dando traspiés, no causando buena impresión en el ánimo de sus maestros ni en el de sus condiscípulos.

Nadie... ¡Nadie fue capaz de descubrir el menor indicio de que aquel muchachito empezaba a convertirse en un gran sabio!

Es natural que ocurriera así, porque la gente normal no es capaz de prever los acontecimientos futuros. No existía una fórmula mágica para adivinar que el distraído y silencioso muchacho Einstein llegaría a ser uno de los hombres más inteligentes y admirables de la ya larga historia de la humanidad. A un espíritu tan selecto como el suyo, la escuela se le hizo cada vez más difícil. Allí debía aprender latín y griego, y él no tenía ni la habilidad para hablar tales lenguas muertas, ni la voluntad para memorizar la gramática. Esto le hacía menospreciar los pesados ejercicios que entonces se empleaban para enseñar a los muchachos, escribiendo una y mil veces en los cuadernos las reglas que debían aprenderse:

—¡Todo eso es una lastimosa pérdida de tiempo! —se excusaba algunas veces, cuando sus padres o su tío Jacob le amonestaban.

Y es que desde muy joven, para Albert Einstein tenía más importancia la claridad y exactitud del mundo de las leyes físicas que gobiernan el universo, que todo el absurdo aprendizaje de memoria que le inculcaban en las clases a las que debía asistir. A su forma de ser le repugnaba el tono agresivo y autoritario que dominaba en aquella época en la mayoría de las escuelas alemanas. Esto le hacía apartarse horrorizado de todo lo que representase la férrea y dominante voluntad de los «que mandaban», diciendo muchos años después al respecto, ya cuando era mundialmente famoso: «Lo peor es, a mi juicio, que una escuela se base por principio en los métodos del temor, de la fuerza de una autoridad mal entendida. Tales métodos destruyen el sano sentido de justicia y la confianza en el alumno. ¡Solo son aptos para producir súbditos sumisos y torpes!»

Él no era precisamente sumiso ni torpe, y si rechazó el latín, el griego y otras muchas disciplinas, en cambio se aplicó con gran afán a la música, la literatura y, sobre todo, a las matemáticas. Su madre siempre había sido muy amante de la música y desde los seis años Albert Einstein tuvo su propio violín, y bien pronto aprendió a interpretar las obras de los grandes maestros. Desde muy niño asistió a estas reuniones musicales en su casa, escondiéndose bajo la mesa del comedor o detrás de las cortinas, mientras su madre y los amigos le conmovían con la belleza de estas interpretaciones, hasta que le veían y le mandaban a la cama.

Cuando descubrió el placer de la lectura, se dio cuenta de que las palabras se ajustaban maravillosamente con los significados que formaban la hermosa poesía de un Goethe o de un Schiller. Los libros le podían decir cosas que él deseaba ardientemente saber para replicar a sus constantes: «¿Por qué esto?» «¿Por qué aquello?» que tanto les irritaba a sus maestros y les hacía rugir:

—¡No importa el porqué! ¡Contesta simplemente!
—Pero profesor, yo desearía saber por qué...
—¡Eres un rebelde! ¡Tú sola presencia en la clase basta para destruir todo respeto!

Los libros no eran así. No se irritaban porque sus escudriñadoras preguntas desearan saciar su curiosidad. Los maestros sí, porque la mayoría de las veces no conocían la respuesta que aquel alumno deseaba conocer.

Con una de sus preguntas descubrió la armonía de las matemáticas, la tarde que le dijo a su tío Jacob:

—¿Qué es álgebra, tío?

El tío Jacob quiso darle una respuesta divertida e ingeniosa a su curioso sobrino:

—Pues verás, Albert... Álgebra es una ciencia muy divertida. Se va a la caza de un «animalito» cuyo nombre desconocemos, por lo que se le llama x. Cuando se le da caza, nos lanzamos sobre él y le damos su verdadero nombre, su verdadero valor en el mundo de los números y las matemáticas...

Al inteligente muchachito le fascinó ese «mundo de los números» y las ciencias exactas. Muy pronto superó en este terreno a sus compañeros de clase, hasta el extremo que cierto día, resolviendo a su manera problemas aritméticos, halló una solución al teorema de Pitágoras, distinta a la usual. Por primera vez sus maestros quedaron asombrados, y al preguntarle de quién había heredado sus aptitudes para el estudio de las ciencias, Albert Einstein contestó:

—No tengo ninguna aptitud especial. Lo que pasa es que tengo una curiosidad insaciable, de modo que no hay por qué pensar en unas cualidades heredadas...

Una vez más sus profesores quedaron desconcertados ante aquel muchacho tan singular, no concediéndole las buenas notas que su esfuerzo merecía y proporcionando nuevos quebraderos de cabeza a sus padres, que en los últimos meses de aquel curso sufrieron otro revés económico al fracasar su comercio electrónico. Hubo reuniones familiares y al fin se decidió vender la casa y trasladarse a Italia, al tener los Einstein parientes en Milán que les podrían ayudar. El muchacho solo tenía quince años, tendría que dejar sus estudios y la angustiada madre preguntó:

—¿Y qué haremos con Albert? ¡No podrá obtener su diploma!

El señor Einstein miró a su esposa con ansiedad. Los dos sabían que su hijo no traía buenas notas a casa, pero no era cosa para jugar con su porvenir interrumpiendo sus estudios. Por eso decidió, aún consciente del tremendo esfuerzo económico que tal cosa comportaba:

—Lo dejaremos aquí y se reunirá con nosotros en Milán tan pronto se gradúe. ¡A ver si tiene un poco más de aplicación y suerte!

El joven Albert Einstein sintió mucho aquella forzada separación de su familia. Estaba muy identificado con sus padres y con su querida hermanita Maya. La pensión en la que se alojó le resultó fría, sin calor de hogar y sin aquel apacible ambiente que siempre respiró junto a sus seres queridos. Durante meses se esforzó para no defraudar a los suyos y compensar con buenas notas el sacrificio que hacían sus padres. Pero todo resultó inútil y cada día encontraba más dificultades con sus maestros, que le llegaron a insinuar:

—Nos parece que, si al fin resolviera dejar esta escuela, sería una buena idea. Ya no tenemos respuestas para usted, señor Einstein. ¡Y no queremos que los otros estudiantes nos lleguen a perder el respeto!

Era el golpe final y a los pocos días su familia le recibía en Milán, comprobando su precario estado de salud. Aquel tremendo esfuerzo le había hecho perder muchos kilos y estaba muy débil. Aunque por fortuna, siendo una excelente ama de casa, la señora Einstein estaba segura de que lo único que necesitaba su querido hijo eran unas cuantas abundantes comidas para vigorizarse nuevamente.

—¡Y amor! —añadió la buena mujer—. ¡Comprensión y amor también necesitas, hijo mío!

Albert sonrió feliz, seguro de que encontraría ese amor y esa comprensión a manos llenas entre los suyos. Y experimentó una serena satisfacción al dejar que los cuidados de los suyos le devolvieran la calma y la libertad, sofocada durante tanto tiempo por la férrea disciplina del colegio. Fue durante estas agradables vacaciones cuando decidió no volver nunca más a un colegio alemán, en los que los profesores, siguiendo la pauta de Bismark, se convertían a su vez en autoritarios y caprichosos emperadores.

Lo que más le satisfacía era la libertad de poder elegir sus lecturas en el largo rosario de aquellas horas libres, bien cuando daba largos paseos solitarios por la alegre campiña italiana, bien cuando acompañaba a su hermana Maya en las excursiones que realizaba con sus nuevos amigos. Los muchachos italianos le aceptaron de buen grado, y aunque Albert jamás se mostraba audaz ni turbulento, tenía una divertida manera de decir sencillos chistes y adivinanzas en los que se instituía su fina inteligencia. Pero en cuanto su hermana o los otros se lo permitían, desaparecía durante horas, hasta que al fin lo encontraban al abrigo de una roca o bajo los sombreados árboles.

Desde esta edad y hasta bien entrado en los años maduros, lo que más complació a Albert Einstein fue realizar largas caminatas. Para él, caminar era acercarse a la madre naturaleza, y su meta ávida de conocer y saber se nutría con la riqueza de las agudas observaciones. Las montañas, el paisaje, el más mínimo capullo, el gotear de una cascada, los colores del crepúsculo o el brillar de las estrellas tenían un claro lenguaje para él. Su insaciable curiosidad se despertaba ante los dibujos que formaban las ondas de un lago, o mirando a la lejana luna se hacía preguntas sobre el infinito universo. Las maravillas creadas por la mano del hombre también le interesaban, y prueba de ello es que en aquella temporada en Italia visitó y admiró las famosas obras de los grandes maestros, estudiando incluso *La última cena* que cuatrocientos años atrás había pintado el genial Leonardo da Vinci.

Italia le encantaba, y cierto día le dijo a su madre, con la mirada soñadora perdida en la lejanía del paisaje:

—Mamá, voy a hacer una larga excursión para conocer algo más de este bello país...

—¡Pero hijo! Las cosas no le van muy bien a tu padre —exclamó la señora Einstein.

—Lo sé, mamá, pero no os pido nada. Ya sabes que soy muy económico. Haré todo el recorrido a pie, durmiendo y acampando al aire libre. ¡Este es un excelente clima!

Emprendió su travesía otro día, marchando hacia el sur y atravesando toda la planicie de Lombardía, hasta llegar a la ciudad de Génova y ascender más tarde por la áspera y hermosa costa italiana. Fue errante por las antiguas aldeas italianas, ascendió a las montañas y volvió al llano, encantándole Florencia, donde pasó largas horas de meditación contemplando la bella ciudad desde lo alto de las colinas. Aquella fue una temporada feliz, totalmente libre de preocupaciones, de engorrosos exámenes y de estudios aburridos. Por eso regresó a Milán con el cuerpo y el espíritu descansados, bronceado y más curtido que cuando partió.

Pero era preciso despertar a la cruda realidad y volver a la disciplina de los estudios. Dócil y obediente, el joven Albert lo aceptó todo, pero con una sola condición: el colegio a donde pensaban enviarle podía estar en cualquier parte del mundo, menos en Alemania. Y es que para él, el hombre nacido y educado en la libertad y que a su libre arbitrio buscaba su propio camino, era algo que debía ser indestructible, algo así como una ley fundamental de la vida.

Antes de convencer al intelecto,
es imprecindible tocar y
predisponer al corazón.
BLAISE PASCAL

CAPÍTULO II

Antes de volver a los estudios, hubo un intercambio de correspondencia entre sus padres y los numerosos miembros de la familia. El resultado fue que un tío residente en Suiza accedió a mandar al muchacho cien francos cada mes. El deseo de la familia era que se matriculase en un centro politécnico de Zúrich.

Incluso para aquella época, cien francos suizos eran una cantidad excesivamente reducida para poder vivir durante un mes. Pero no fue esto lo que desanimó al singular estudiante, sino los pesados exámenes que siempre habían provocado su enojo al tener que memorizar una gran cantidad de datos absurdos que para nada le interesaban. Y el resultado fue nuevamente catastrófico: el director le llamó... diciéndole a un futuro Premio Nobel:

—Lo siento, sus exámenes han sido tan malos que fue un poco atrevido por su parte presentarse para ingresar aquí.

El joven estudiante rechazado permaneció silencioso e impasible. Albert Einstein siempre tuvo una sencilla dignidad que despertaba simpatía, por lo que el impresionado catedrático Herzog añadió, al ver que nada protestaba:

—Sin embargo, sus exámenes de física y matemáticas han sido excepcionalmente buenos. Basándonos en ellos, podríamos admitirle de aquí a un tiempo, si usted está dispuesto a estudiar esas materias en otra escuela preparatoria.

—¿Quiere decir otro gimnasio, señor director?

—Sí, a cincuenta y seis kilómetros de Zúrich, en la localidad de Aarau hay uno muy bueno.

—Pero señor director, esto me volverá a ocurrir en Aarau. ¡Una y otra vez me pasará lo mismo! ¿Qué es lo que me impide entrar aquí? Son los verbos, señor. ¡El latín y el griego! Es la anticuada estructura del esqueleto de estos centros de enseñanza. ¡Esos son los muros que se levantan para estorbarme, señor!

El director debió pensar que se hallaba ante un joven insolente, capaz de criticar las estructuras de la enseñanza. Solo muchos años después tendría que reconocer que se las había dicho un genio, cuya ciencia reconocida por el mundo entero no solo abrió los caminos para la investigación de la energía nuclear, sino que hasta amplió el conocimiento de los límites del universo.

No obstante, pese a su estallido de malhumor, Albert Einstein se doblegó una vez más y corrió a ingresar en la Escuela Cantonal de Aarau, en donde se llevó una agradable sorpresa. Suiza no estaba regida tan autoritariamente como Alemania y en aquel colegio había debates libres en clase, así como un profesor distinto para cada materia, que aceptaba de buen grado las preguntas de sus alumnos. Los estudiantes también tenían libre acceso a los laboratorios, convenientemente equipados para todas las disciplinas de la ciencia. Aquella era la oportunidad que Albert Einstein necesitaba y la aprovechó tan bien, que el profesor Winteler le prestó especial interés ofreciéndole un día:

—Venga a cenar esta noche a mi casa. Le sentará bien pasar una velada en familia. ¡Y vaya si tengo familia! ¡Nada menos que siete hijos!

Por aquellas fechas Albert Einstein vivía en una mísera pensión y su asignación mensual de cien francos no le permitían ningún lujo. Descuidado en el vestir y sin necesidad de gozar de ninguna clase de diversión, se pasaba los días estudiando, y él mismo se lavaba la ropa y se preparaba las comidas. Fiel a su costumbre, en los primeros contactos personales con el bondadoso profesor Winteler y su numerosa familia, se mostró tímido y silencioso. Pero a alguna de aquellas reuniones llevaba su querido violín, amenizando la velada a todos y encontrando por medio de la música de Mozart o de Bach su justa expresión. Ello le valió convertirse en el querido huésped de aquella familia, con la que muchos años más tarde emparentaría, al casarse su hermana Maya con uno de los hijos del profesor Winteler.

Cuando por fin obtuvo su diploma y pudo ingresar en la Sección VI-A de la Escuela Politécnica Superior Confederal de Zúrich, nadie adivinó que admitían a un futuro y notable hombre de ciencia de fama universal. Para los directores y los elegantes alumnos que andaban por aquellas aulas, Albert Einstein solo fue un joven

muy mal vestido, con una larga melena de negros e indómitos cabellos, de mirada grave, siempre muy serio y ligeramente cargado de espaldas.

Posiblemente pasó tan desapercibido porque se mostraba reservado y solitario, poco hablador y de conversación tan limitada, que muchos le tomaron más bien por un ser simple. Mas, un ser simple no posee la fuerza de voluntad que mostraba él, no solo en los estudios, sino también en su vida íntima y particular. Cuando se instaló en Zúrich alquiló el cuarto más barato que pudo encontrar, para así ahorrar mensualmente veinte francos de los cien que recibía, dispuesto a obtener su documento de ciudadano suizo. Él consideraba que el nuevo país le ofrecía más posibilidades y más libertad que su nativa Alemania.

La comida carecía de importancia para aquel tenaz estudiante. Tampoco gastaba mucho en trasportes, puesto que, gustándole caminar, iba a pie a todas partes. Las ideas que siempre tuvo, aun cuando llegó a ser famoso, rico y célebre, sobre la indumentaria, también le ayudaron en aquellos días a simplificar sus problemas. Jamás se le ocurriría preocuparse por su apariencia exterior y, con toda sinceridad, creía que también a los demás no debía importarle mucho si iba bien o mal vestido.

Por otra parte, siendo Zúrich un importante centro académico en Europa, desde los sitios más apartados del mundo llegaban estudiantes en busca de los conocimientos que allí se podía encontrar. En tal ambiente, Albert Einstein pudo convertirse en el investigador que siempre había deseado ser, desde los años que acosaba a sus maestros y a su familia con sus constantes preguntas.

Allí podía encontrar dignos contrincantes con los cuales intercambiar ideas, asistir a conferencias y aguzar sus armas de profundo pensador. Lo único que no hacía era perder su tiempo en la intensa vida social que también existía en aquella agitada ciudad suiza. Su seria personalidad no atraía a la gente frívola y esto le libraba de tratar a otras personas que no fueran reflexivas como él.

Solamente la música le servía de evasión a la intensa labor que realizaba, consiguiendo ahorrar el dinero de algunas comidas para poder asistir a uno que otro de los muchos conciertos que se celebraban en Zúrich. Su famoso violín también le sacaba muchas veces de esa tensión, llegando a aficionarse a estos íntimos conciertos, un condiscípulo suyo llamado Marcel Grossmann, que sentía una profunda admiración por su silencioso compañero de estudios.

Albert Einstein recordaría muchas veces al excelente y comprensivo Marcel Grossmann que tanto le ayudó. Y no solo convidándole a comer cuando le veía completamente debilitado por sus penurias y estrecheces económicas, sino también facilitándole los apuntes detallados de las conferencias a las cuales él no podía asistir al estar dedicado a la investigación en los laboratorios, pudiendo así pasar los exámenes de otras disciplinas que, aunque no le gustaran, forzosamente debía aprobar para continuar en la Escuela Politécnica.

Cuando cursaba su tercer año en Zúrich, en una de las clases, Albert Einstein conoció a una muchacha algo coja y de cabellos negros que procedía de Serbia, tan bajita que apenas le llegaba al hombro. Se llamaba Mileva Maric y hablaba tan poco como él, lo que viene a decir que sabía escuchar. Esta cualidad hizo que pronto se sintiera atraído por la muchacha, al encontrar en ella una excelente tabla de armonía cuando él necesitaba pensar en voz alta para expresar así mejor sus audaces teorías sobre la física, el universo y las matemáticas. El fogoso estudiante hablaba y Mileva Maric, con el mentón apoyado en la mano, contemplándole, le escuchaba y con su actitud le estimulaba a continuar con alguna que otra pregunta acertada.

Solo, muy de vez en cuando, con fina intuición femenina, la querida compañera de estudios exclamaba:

—¡Eres un sabio, Albert! ¡Un auténtico hombre de ciencia!

—¿Yo? —exclamaba por su parte él, asustado—. ¡No digas eso, Mileva! Solo pretendo expresar mis teorías, lo que pienso y cómo concibo el universo.

—¿Te parece poco? Pues todo eso lo deberías escribir. ¡Hay un montón de verdades en lo que dices!

En realidad, se moría de ganas de hacerlo, pero no se atrevía, pues aunque siempre se mostró modesto y tímido en lo que se refería a cuestiones personales, jamás titubeó en oponerse a sus profesores cuando se trataba de cuestiones científicas, confundiéndolas muchas veces por la profundidad de sus ideas y granjeándose así el temor y la envidia de los menos nobles que podían perjudicarle antes de conseguir su título de graduado. Siempre confiaba obtener un trabajo de ayudantía, una vez terminados sus estudios, para poder continuar sus investigaciones en el ramo de la ciencia elegido. Y aquello de exponer sus teorías...

—No, no, Mileva. ¡Aún no estoy seguro! ¡Sería arriesgado!

Cuando el siglo XIX terminó y ya iniciado el XX, Albert Einstein tenía veintiún años, poseía la ciudadanía suiza y también cuatro años de estudio en la Universidad de Zúrich. Pero no tenía trabajo y el mismo día que se graduaba le llegó una carta de la familia con la inquietante noticia de que ya no recibiría la pensión mensual de cien francos. Por otra parte, como Mileva estaba decidida a convertirse en la señora Einstein y en la Universidad no le ofrecían ningún puesto como ayudante de profesor de Física, su situación era desesperada.

Con cierto disgusto pensaba que el hecho de ser judío podía ser el motivo de que le cerraran la entrada en la Universidad como profesor ayudante. Cierto que tenía los documentos de su ganada ciudadanía suiza, pero con ellos tuvo que recorrer las calles en busca de cualquier vacante, contestar a los anuncios de los periódicos y pasar durante algunas semanas hambre, hasta que por fin consiguió su primer empleo. Se trataba de reemplazar por una temporada a cierto profesor de Física en la localidad de Winterthur, hacia donde corrió el recién graduado para encontrarse con unos rebeldes discípulos, muchos de ellos de más edad que la suya, mejor vestidos... ¡Y dispuestos a divertirse a expensas del desarrapado bobalicón que les llegaba medio muerto de hambre!

Albert Einstein entró tímidamente en aquella clase, sonrió lo mejor que pudo y saludó:

—¡Buenos días, muchachos! ¡Vamos a ver lo que os puedo enseñar...!

—¡Bah! ¡Eso no es un profesor! —exclamó una voz.

—¡No! ¡Es un borrico cargado de harapos!

Einstein hizo que no oía las burlas y, con el pizarrón ante él y la tiza en la mano, se puso a trabajar decidido. Si le iban a pagar por enseñar Física a aquellos muchachos, lo haría lo mejor y más amenamente posible, tal como a él le habría gustado que le enseñaran en sus años de colegial, cuando tuvo que soportar tantas explicaciones confusas y aburridas, que nada aclaraban. Y así con su infinita paciencia y su buena fe empezó a hablar ilustrando su magistral lección mediante diagramas que todo el mundo podía entender. Aquel era su terreno, su terreno seguro y por el cual su portentosa imaginación cabalgaba en alas de las más puras ideas de la abstracción.

A su espalda, el ruido de los alborotados alumnos fue cediendo gradualmente, mientras la baja y segura voz del joven maestro avanzaba en las explicaciones cada vez más amenas. La clase de Física se fue convirtiendo en un auténtico recreo y cuando al terminar se volvió, unas lágrimas corrían por sus mejillas: todos los discípulos habían atendido a su primera lección, incluso alguno contra su voluntad, interrumpiendo en una calurosa salva de aplausos que merecidamente se había ganado.

—¡Por favor, por favor! —rogó tímidamente.

Y el resultado fue que, cuando el antiguo profesor regresó para relevar al joven Einstein, todos los alumnos sintieron mucho verle partir nuevamente para Zúrich, en donde le seguía aguardando la desesperada lucha en busca de cualquier clase de trabajo, por mísero que fuera. Los tiempos eran difíciles y, además, nada había para aquel joven profesor judío de aspecto enfermizo y distraído, con raída vestimenta, que ni siquiera era un suizo auténtico...

Deprimido, pese a su infinita paciencia y a necesitar muy poco para él, a sus más íntimos amigos como Mileva les decía:

—¡Esta es la «caza», sí! ¡La caza en la que yo deseaba no tomar parte jamás! La caza del dinero, del bienestar, del éxito. ¡Yo solo quiero lo más sencillo! La labor de un simple zapatero, para poder subsistir y seguir investigando, y nada más. ¡Oh, cómo desearía que hubiera una isla en medio del espacio, en la que pudiera existir yo solo, en la que no hubiera necesidades personales, en que lo único importante fuera el pensar...!

Cierto que las buenas amistades que había conseguido en Zúrich procuraban que no pasara mucha hambre, pero era él quien rehuía su encuentro para no tener que causarles molestias, viviendo modestísimamente con una sencilla mesa, un armario y un par de sillas. Solo esto le bastaba como todo mobiliario en la habitación que le tenía alquilada una planchadora, para la cual Albert Einstein tenía delicadezas propias de un hijo. Cuando su hermana Maya iba a visitarle y él la obsequiaba, si podía, una taza de café, hacía que ella lo tomase primero para así utilizar entre los dos una sola taza y que su patrona no tuviera que lavar tanto. Y cierta vez que tenía que asistir a una reunión de amigos, al preguntarle un amigo por qué se había retrasado tanto, contestó con su proverbial sencillez:

—Te lo puedo decir: la planchadora en cuya casa vivo, me ha confesado que plancha mucho mejor cuando yo toco el violín. Y precisamente por eso me he entretenido un poco más tocando...

Esa bondad del famoso sabio se pone una vez más de manifiesto en sus propias palabras cuando, hablando en cierta ocasión sobre lo que los hombres normalmente consideran el triunfo material, dijo:

—El bienestar y la felicidad nunca me han parecido un fin en sí mismos, a la ética que cuenta con esa base, le llamo el ideal de la piara de cerdos. Los ideales que siempre me propuse y que nunca dejaron de comunicarme su alegría vital, fueron la bondad, la belleza y la verdad. Sin la sensación de armonía con todos los que están animados de los mismos sentimientos, sin el quehacer con lo objetivo, con la eternamente inalcanzable en el dominio del arte y de la investigación científica, la vida me parecería vacía. Los fines banales de la ambición humana, el dominio, el éxito material y el lujo, me parecieron despreciables desde mi juventud...

—¡Hermosas palabras las suyas, llenas del más puro y noble desinterés personal!

En realidad, no podía pensar de otra manera el hombre que, dedicando su vida a la investigación para beneficio exclusivo de los demás, quemó sus mejores años elaborando unas teorías tan revolucionarias y fantásticas que, para resumirlas en forma comprensible para los profanos, puede decirse que abrió infinitos campos a la física, la química, la electrodinámica, la electrónica y, sobre todo, al despertar de la ciencia atómica con todos sus formidables derivados y aplicaciones que pueden hacer la vida de la humanidad más sencilla.

Cierto que el inicio de todas estas aplicaciones en el orden de la realidad aún tardaría algunos años en llegar, pero ya estudiando todavía en la Universidad de Zúrich, el profesor Franz Tank tuvo que decir del joven Einstein, comentando sus escritos que empezaban a revolucionar los conceptos de la física:

«Albert Einstein dejó a todos sus profesores perplejos, al basar la electrodinámica en el principio de una audaz teoría que él llama de la "relatividad". Según él, se llega a las esferas de la más elevada abstracción, y hoy en día sabemos que no hay ninguna fórmula matemática más adecuada para la electrodinámica que la forma de la "relatividad". Esta formulación le viene a la teoría del campo electrodinámico como el zapato al pie de la Cenicienta en el cuento que todos conocemos. Se crea un universo de cuatro dimensiones, en el cual, a las tres dimensiones espaciales, se añade, como cuarta dimensión, imaginaria pero formalmente equivalente, la dimensión temporal. Todo el ropaje de conceptos tomados del mundo cotidiano se nos viene hacia abajo. La intuición y la percepción sensibles ya no intervendrán para constituir la imagen del universo. El lenguaje matemático se expresa con una precisión y concisión máximas. En ecuaciones que ocupan unas pocas líneas, se expresa la relación fundamental. El universo está contenido, por decirlo así, en una cascara de nuez. El acontecer de la naturaleza sigue la ley matemática más simple. La electrodinámica se convierte en una especie de geometría. El concepto de espacio se amplía y se convierte en el fundamento moderno de la física. Ya no será el espacio el receptáculo pasivo donde todo acontecer tiene lugar, sino que adquiere el papel que se le atribuía al éter. El espacio es el portador de los campos eléctricos y magnéticos: estos campos son propiedades del espacio...».

Franz Tank, eminente científico a su vez, sigue en su comunicado dando a los sabios del mundo lo que podríamos llamar el primer aviso de lo que más tarde sería la **teoría de la relatividad**, propuesta por Albert Einstein muchos años después, y hoy en día aceptada por todos. No es misión de esta breve biografía escudriñar en esos complicados problemas de la ciencia, que por otra parte quedan al margen de los no iniciados. Pero insistimos que gracias a esos estudios del joven profesor que pasaba hambre y mil necesidades en aquellos años por las calles de Zúrich, el mundo parece haber cambiado al adquirir su cabal dimensión, dando un empuje formidable a muchísimas ramas del saber humano.

Sin embargo, en aquellos días, el mundo cruel solo le ofreció un puesto en la Oficina de Patentes de Berna, y eso gracias a la recomendación de su buen amigo Marcel Grossmann, que le envió a la capital suiza para que fuese atendido por el señor Haller.

Lo más triste fue que, en aquella oficina, el sabio que más tarde asombraría al mundo, tuvo que quemar varios años de su vida. Vio nacer a sus hijos Albert y Eduard en el modesto piso que alquiló en Berna, al poco de contraer matrimonio con Mileva Maric, el día 6 de enero de 1903.

Sin embargo, contando ya con el empleo que les permitía satisfacer las más perentorias necesidades personales, conforme pasaba el tiempo, Einstein meditaba

cada vez en su querida teoría de la relatividad. Aquel piso que daba sobre el río Aar, con los años se convirtió en el centro de otros hombres de ciencia como él, unidos por idénticos ideales. Allí acudía un ingeniero italiano llamado Besso, un estudiante de Rumania llamado Solovine, el matemático suizo Conrad Habicht y otros muchos más, ansiosos de intercambiar ideas con Einstein.

Por esta época empezaron a aparecer artículos firmados por Albert Einstein en la *Revista de Física*, correspondiente al año 1908, en los que detallaba los métodos de una máquina para medir tensiones eléctricas extremadamente pequeñas, hasta de 0.0005 voltios aproximadamente. Esa misma revista publicó más tarde la descripción del multiplicador de potencial Einstein-Habicht, que los hermanos Habicht habían conseguido construir con la ayuda de su amigo, después de no pocos intentos. Asimismo, la Academia Olimpia, nombre que dieron a su academia particular, desempeñó un papel importante en la vida de Einstein, por la gran influencia que empezó a ejercer sobre el mundo intelectual de Europa, para extenderse más tarde a Norteamérica y otros países donde las investigaciones científicas empezaban a tomar un gran auge.

Y así, poco a poco, con una labor paciente y constante de verdadero sabio, un buen día el sencillo y siempre silencioso Albert Einstein encontró que su nombre se estaba pronunciando en los confines más insólitos del planeta.

*Sí, Cristóbulo; el medio más corto, más
seguro y más glorioso de ser tenido
en opinión de hombre de bien,
consiste en trabajar para serlo.*
SÓCRATES

CAPÍTULO III

La fama de Albert Einstein empezó a ser universal cuando su audaz teoría de la relatividad fue leída por los hombres de ciencia de Berlín, París, Londres, Roma, Madrid y el resto de Europa. Todos estos sabios quedaron pasmados al tener ante sí una idea nueva y radical, completamente distinta a lo que hasta entonces se había creído y aceptado. Los físicos se sintieron fascinados y, con vivo entusiasmo, en todas partes empezaron a formularse esta pregunta:

—¿Quién es ese Einstein?
—¿Dónde está?
—¿En qué instituto o universidad da sus clases?

Lo cierto era que Albert Einstein trabajaba diariamente en la modesta Oficina de Patentes de Berna, que iba diariamente a su despacho para leer pesadas solicitudes y que, cuando llegaba a su casa terriblemente cansado, aún encontraba tiempo para atender a su esposa, a sus dos hijos y... ¡para trabajar en sus investigaciones!

Pero su portentosa teoría de la relatividad ya estaba lanzada al mundo y ese mundo ansiaba conocer a

su genial creador. Por eso, un físico de renombre de la Universidad de Berlín, el profesor Max von Laue, tomó el tren que conducía a Berna y concertó una entrevista con Einstein en un pequeño restaurante cercano a la estación. Y cuando el sabio alemán llegó, quedó estupefacto al ver la figura que se levantaba para saludarle y darle la bienvenida:

—¿El profesor Max von Laue? —inquirió tímidamente Albert Einstein.

—Sí... ¿Y usted es Albert Einstein?

—Así es, señor. ¿Le extraña? —insistió el joven sabio con amable sonrisa.

Max von Laue procuró reponerse, pero realmente sí estaba muy extrañado. No podía ser que un muchacho, ¡casi un niño para él!, fuese el autor de la revolucionaria teoría de la relatividad. Además de la juventud, también le extrañaba aquel desaliño en el vestir, aquel abandono en cuanto a su persona y, sobre todo, aquella amable y sincera sonrisa que al instante cautivaba por su extremada bondad.

Pero bien cierto es que la ciencia no impone requisitos especiales en lo tocante a juventud o vejez, elegancia o desaliño. Por eso el famoso profesor de Berlín y el modesto empleado de la Oficina de Patentes conversaron de igual a igual, con el resultado de que, a las pocas semanas, Albert Einstein recibía una invitación para hablar ante una junta que incluía a los hombres de ciencia más notables de Europa. La reunión debía celebrarse en Salzburgo, Austria, y aquella fue la primera ocasión que tuvo Albert Einstein de subir a una tribuna para hablar en público sobre su trabajo y sus investigaciones.

Cuando estuvo ante aquella magna asamblea de sabios eminentes, su traje arrugado colgaba desmañadamente de sus hombros y la mata oscura de sus largos cabellos era como una tupida orla sobre su cabeza de mente amplia y despejada. Muchos sonrieron y también se extrañaron de su extrema juventud, pero cuando empezó hablar, cuando pausada y sosegadamente fue exponiendo sus teorías, su evidente brillantez intelectual atrajo la atención de sus oyentes y ni uno solo dejó de impresionarse. Y es que Albert Einstein exploraba regiones del universo a las que la mente humana no se había aventurado nunca a llegar...

Pero al terminar, Albert Einstein volvió a Berna a su trabajo en la Oficina de Patentes, dispuesto a seguir la lucha solo, como había hecho siempre, como estaba dispuesto a seguir. Cierto que las ideas de Einstein solo produjeron conmoción entre los sabios y los eruditos, ya que el hombre corriente y común no podía sentir interés por su teoría que no comprendía, pero el primer paso estaba dado y tendría formidables consecuencias.

La primera de ella fue que el profesor Kleiner de la Universidad de Zúrich, entusiasmado por los trabajos y las investigaciones científicas de Einstein, le ofreció un puesto de profesor. Albert Einstein carecía de ambiciones personales y todo lo que deseaba era que le dejaran tranquilo, para continuar trabajando con la misma libertad de antes. Pero debió pensar en su familia, en su esposa e hijos; y por una carta que dirigió a su madre, nos enteramos que aceptó con este párrafo que vuelve a dar una buena muestra de su fino humor, su sana ironía y su humildad al escribir:

«... Y ya ves, mamá, así resulta que ahora el tonto de tu hijo va a ser, ¡por fin!, un verdadero profesor. ¡Imagínate!»

Pauline Einstein debió sentirse vivamente emocionada al recordar que, muchos años atrás, ella ya había dicho al resto de la familia que su hijito llegaría a ser profesor. Y todo esto, antes de cumplir los treinta años y cuando todo el mundo intelectual de Europa pronunciaba con respeto el nombre de su hijo.

Pero al instante nuevamente en Zúrich, el matrimonio Einstein tuvo que hacer mayores economías, ya que su nuevo sueldo no era mayor que el que había estado recibiendo en la Oficina de Patentes en Berna. El ser profesor implicaba deberes sociales, que a su vez acarreaban mayores responsabilidades; tuvieron que alquilar un departamento más amplio, y, con el consiguiente gasto, el dinero escaseaba.

Personalmente, los problemas de la subsistencia y del éxito social no eran una carga para Albert Einstein. El hondo significado de la labor científica que realizaba hacía que todo lo demás careciera de importancia para él. Por eso siguió sin tomar en serio las formalidades del vestir y la etiqueta, diciéndole a su esposa Mileva cuando le llamaba la atención sobre esto:

—No cariño, sería un error que la cubierta fuera más valiosa que el contenido. Los trajes no van a hacer, de ninguna manera, que mi trabajo sea mejor. ¡Estaré más cómodo con mis fieles y viejas prendas de paño de lana!

Sin embargo, aunque la personalidad de Einstein estaba completamente exenta de pretensiones, sus logros científicos no podían permanecer más tiempo ocultos y su fama de hombre de ciencia empezó a extenderse cada día más. Esto empezó a intranquilizarlo cuando de todas partes de Europa comenzaron a llegar invitaciones para que diera conferencias, tributársele honores y pedir que colaborase en revistas y periódicos para dar a conocer más y mejor su teoría.

—¡Se acabó mi tranquilidad! —exclamó abrumado.

Sus hijos se sentían muy orgullosos de él y un día el pequeño Eduard le preguntó por qué era tan famoso. Einstein se echó a reír, pero luego le respondió:

—Mira, hijo, si un escarabajo ciego anda por la superficie de una bola, no se da cuenta de que el camino que va dejando atrás es curvo. Yo, en cambio, he tenido la suerte de darme cuenta de eso.

Y así, de forma tan sencilla y a la par humilde, este hombre que descubrió para todas las ciencias aplicadas nuevos horizontes sin límites, vino a decirle a su hijo que él había tenido la «suerte» de prestar atención al universo en el que la vida se desarrolla, y que eso podía explicar a los demás sus leyes inmutables y físicas.

Pero no añadió que su «suerte» había sido la observación atenta desde muy niño, la concentración, el estudio, la investigación y el total sacrificio de sus ambiciones personales, en aras de un mundo mejor para que las generaciones venideras puedan hacer más cabal su existencia y, por ende, mucho más feliz.

Con infinita paciencia y robándole tiempo a su trabajo de investigación, Albert Einstein acudía a las universidades y a las organizaciones científicas de Europa, para impartir su enseñanza y dialogar con los hombres y las mujeres más eminentes del mundo. Cuando llegó a París, Marie Curie abandonó su laboratorio para charlar con él; ocurriéndole lo mismo a Max Planck, otro Premio Nobel y el físico más notable de la época, cuando encontrándose en Bruselas supo que el profesor Albert Einstein llegaba desde Zúrich para dar una de sus conferencias. Los dos hombres discutieron ampliamente, reuniéndose el alto y grave aristócrata alemán y el joven de cabellos alborotados y gastado traje, complacidos ambos porque en el mundo de las ideas se sentían iguales y hermanos, completamente identificados.

La Universidad de Praga era una de las más antiguas de Europa y su profesorado estaba compuesto por eminencias en todas las ramas del saber humano. Albert Einstein fue invitado a ocupar uno de estos puestos, aceptando por lo que significaba para el bienestar de su familia, pero fastidiado porque la costumbre era cumplir con los deberes sociales y visitar a cada uno de los profesores en su casa, recibiéndoles a su vez, uno por uno, en la suya que tuvo que instalar. Para un hombre como él, que desdeñaba todo tipo de formalidades, aquello le pareció un duro sacrificio y un disparate. Pero preparó su lista de visitas y resignándose ante los ruegos de su esposa exclamó, pensando que tendría que recorrer Praga:

—Cuando menos, podré conocer esta bella ciudad, ya que debo realizar todas esas tediosas visitas.

Sin embargo, fiel a su forma de ser, solo visitó a los profesores que vivían en las zonas más históricas de la ciudad, porque así Einstein pudo disfrutar de los sitios

más notables, olvidando a todos los demás. Por supuesto, hubo malentendidos, pequeñas ofensas y comentarios, pero por estas fechas Albert Einstein ya gozaba de celebridad mundial y tenía fama de ser muy distraído y distinto a los demás mortales. Se le perdonó al fin, y como todos tenían ganas de conocer personalmente al sabio y desaliñado joven, fueron los profesores ofendidos los que le visitaron a él... ¡robándole más tiempo para sus investigaciones y trabajos!

Las lecciones de Física que Albert Einstein explicaba en la famosa Universidad de Praga pronto empezaron a extenderse por el mundo. Debido a esto, le llovían ofrecimientos de otras universidades, que empezaron a ser mayores motivos de discusión con su esposa que le indicaba debía aceptar, para obtener así mayores beneficios económicos. Mileva hacía tiempo que había dejado de interesarse por la labor de su marido, bien por haber tenido que abandonar sus propios estudios, bien por el trabajo que le daban los niños, o por el poco dinero que al fin de cuentas conseguía el joven sabio en sus investigaciones. Albert Einstein se consumía en silencio en aquella sorda lucha familiar; en torno a él necesitaba la bondad, la comprensión, el amor y la amplitud de mirar cara a la ciencia, para que sus ideas sobre las leyes del universo pudiera concretarlas en claras teorías comprensibles para el resto de los hombres.

Pero ¿cómo trabajar para que su complicada teoría de la relatividad llegase a la masa del pueblo? ¿Y cómo conseguirlo, por otra parte, cuando en la mayoría de las naciones el nivel cultural estaba tan bajo?

Esto también le entristecía, expresándolo cuando en cierta ocasión dijo:

—No basta con que los resultados de las investigaciones sean conocidos, elaborados y aplicados por unos cuantos especialistas. Si los conocimientos científicos se limitan a un pequeño grupo de hombres, se debilita la mentalidad filosófica de los pueblos, que caminan a su empobrecimiento espiritual...

Naturalmente, explicar en forma sencilla y clara los altos problemas de la física, de las leyes universales, de la velocidad de la luz, del tiempo y del espacio y todas esas teorías que solo les es dado comprender a las mentes claras y estudiosas, es una tarea ardua y prácticamente imposible. En todo caso, solo cabe conformarse con los resultados que de tales complicadas ecuaciones e investigaciones se deriven.

Eso sí que lo comprende el hombre medio, el hombre de la calle, que puede ver hoy en día cómo funciona un complejo industrial movido por la energía nuclear, aunque también sepa, por desgracia, que una bomba atómica puede exterminar toda una ciudad con sus miles de habitantes.

Pero queda descartado que un hombre como Albert Einstein luchara por esto último. Él solo deseaba el bien de la humanidad, como quedó demostrado en cada una de sus palabras y en cada uno de sus hechos, aunque, como les ocurrió a otros muchos sabios, parte de sus descubrimientos fueran más tarde utilizados para fines bélicos.

Presionado por su esposa, Albert Einstein terminó por avisar a las autoridades de la Universidad de Praga, diciéndoles que al terminar el semestre del verano de

1912 regresaba a Zúrich. En realidad, Praga se veía afectada por el desasosiego político que reinaba en Europa Central.

Albert Einstein odiaba toda especie de violencia y se inquietaba ante el hecho de que la gente no fuera capaz de solucionar sus disputas sin recurrir a la fuerza. Las guerras menores que estaban ocurriendo en los países balcánicos amenazaban en convertirse en una guerra mundial. Zúrich estaba alejada de tales convulsiones, por lo que decidió aceptar un puesto en la Escuela Politécnica.

—¿No tiene su gracia esto? —comentó—. Allí me han llamado infinidad de veces tonto y mal estudiante... ¡Y ahora parece que me necesitan!

Los mismos profesores que tantas veces lo habían castigado por ser lento en sus estudios y desatento formulándoles tantas preguntas, se inclinaron humildemente ante él a su paso. Albert Einstein se limitó a sonreír lleno de bondad, incapaz de tomarse ningún desquite ni abrigar en su alma noble ningún bajo sentimiento de ruindad. Y hasta vio con alegría que allí dispondría de la colaboración de su buen Marcel Grossmann, el que tantas veces le había ayudado. Los dos se fundieron en un fraternal abrazo, exclamando casi a la vez:

—¡Ahora tendremos la dicha de seguir investigando juntos!

Pero no estuvo mucho tiempo en Zúrich. En noviembre de 1913 recibió una invitación de la Academia de Ciencias de Berlín, firmada por su director Max Planck, que le anunciaba que allí podría proseguir sus investigaciones sin necesidad de tener que dar clases, además de la magnífica oportunidad de poder codearse con otros notables hombres de ciencia de diversas partes del mundo que lo esperaban ansiosos. Los ingratos recuerdos que Albert Einstein tenía de su niñez pasada en Alemania fueron vencidos por la excelente oportunidad que representaba ser libre para dedicarse, exclusivamente, a sus investigaciones. No se le exigía otra cosa y le dijo a su esposa que debía aceptar.

Cada vez más malhumorada y agriado su fuerte carácter, Mileva contestó con firmeza al enterarse de la decisión de su marido:

—¡Jamás volveré a partir de Zúrich! No iré contigo a Alemania. ¡Puedes marchar tú!

—Mujer... —rogó el sabio—. ¡Tienes que comprender! Tú también estudiaste ciencias. ¡Sabes lo que significa esa oportunidad!

—No me gusta Alemania, y mucho menos su belicoso emperador.

—A mí tampoco. Figúrate que les he pedido que me permitan conservar mi nacionalidad suiza... ¡Y lo han consentido!

Era cierto, pues tan grande era el deseo de que Albert Einstein fuera a Berlín, que los orgullosos directores de la Academia de Ciencias admitieron esa concesión, aunque uno de ellos exclamara colérico:

—¡Fantástico! ¡Jamás se ha visto que uno de los miembros de nuestra digna Academia sea ciudadano de otro país! ¡Y menos habiendo nacido alemán, como ese Einstein renegado!

La amistosa intervención del sabio Max Planck consiguió que la Academia de Ciencias de Berlín concediera el deseo del «renegado» profesor Einstein, pero Mileva no cedió. Por eso, cuando llegó el momento de la partida, marchó solo a Berlín.

Lo difícil fue tener que separarse de sus hijos, pero siempre paciente, siempre fiel a sus principios morales y a su particular ética, al despedirse de ellos les dijo estas hermosas palabras, llenas por otra parte de dolor y sacrificio para él:

—Mirad, hijos míos... Creo que algún día lo comprenderéis mejor que ahora. Cuando tengáis que elegir entre el bien moral o el material, decidíos siempre por el primero. Si lo hacéis así, yo os aseguro que eso os dará la suficiente fuerza para vencer todos los obstáculos y seguir adelante...

—Sí, padre —le contestaron Albert y Eduardo.

En la primavera de 1914, Albert Einstein ya estaba en Berlín. Había alquilado una pequeña habitación y reducido tanto sus exigencias personales, que ahora más que nunca descuidaba su apariencia personal y en vez de un eminente hombre de ciencia, ya famoso en todo el mundo, más bien parecía un pobre profesor.

La vida en Berlín era muy distinta para él sin su familia. Pero podía resistir la soledad, porque sabía que para un hombre dedicado al estudio intenso y a la investigación esa era una de las cosas esenciales de su vida. ¿O es que no se había mantenido siempre solo, apartado del resto de los demás mortales? ¿No fue siempre así, desde sus tiempos de estudiante?

Albert y Mileva se distanciaron totalmente. Su padre había muerto y su querida madre vivía con su hermana Maya, que hacía años se había casado con uno

de los hijos del profesor Winteler, aquel buen hombre que un día le invitó a vivir con su familia. Pero aquella soledad no le importaba, porque su mente se podía remontar mejor hasta alcanzar las grandes alturas para llevar al perfeccionamiento su teoría de la relatividad.

Pero un día recibió una carta de su madre que le decía: «Ahora que estás en Berlín, tienes que visitar a tío Rudy, que vive en el número 5 de la Haberlandstrasse, hijo mío. ¡No dejes de hacerlo!»

Albert Einstein sonrió jovial y contestó a su madre que así lo haría, encontrándose cuando fue a casa del tío Rudy que en Berlín también vivían otros muchos miembros de la familia. Su prima Elsa entre ellos, convertida en una mujer madura y ya viuda, con dos jóvenes hijas. Le costó trabajo reconocer a la alegre muchachita de los largos paseos por Múnich, cuando siendo niña tanto se burlaba de él por su afán a la meditación y a la soledad.

Todos se mostraban muy orgullosos de aquel primo de treinta y cuatro años, convertido en uno de los hombres de ciencia más famosos del mundo. Armaron un gran alboroto y resultó grato pasar la tarde con la familia, comiendo salchichas de puerco que tanto le gustaban y que le hicieron exclamar:

—¡Excelentes! Así las acostumbraba hacer mi madre.

—Es que tía Pauline me dio la receta —contestó sonriéndole su prima Elsa.

Einstein había traído su inseparable violín y les obsequió, por su parte, las dulces melodías de Mozart y Bach. De su arco brotó la música a torrentes, como si

su alma siempre solitaria y pocas veces comprendida, en aquella feliz tarde, necesitara buscar una expansión. Todos se emocionaron, pero fue su prima Elsa la que se ofreció a la hora de marchar:

—Deja que llame a un coche y te acompañe, Albert.

—¡Oh, no, Elsa! ¿Qué mejor coche que mis piernas? Es una hermosa noche y la caminata me permitirá pensar un poco.

—¡Oh, querido Albert! ¡Siempre igual!

Se despidieron, pero en su caminata Albert Einstein no hizo nada más que pensar en aquella dulce mujer. Ella sí que le comprendía y, además, le había llamado por su nombre. ¡Y hacía tiempo que nadie le llamaba así, «Albert»...!

Estos pensamientos le animaron a frecuentar la casa de su tío Rudy, que veía con buenos ojos cómo su hija Elsa cuidaba de que su sobrino fuera más decorosamente vestido y mejor alimentado. Cuando Albert Einstein tenía que dar una de sus conferencias ante un grupo de personajes importantes, fuese o no obligatoria la etiqueta, él era capaz de presentarse con sus zapatos viejos, su holgado traje de lana de dos colores, sus cabellos alborotados y su bufanda al cuello. Para él estas cosas pasaban inadvertidas, y lo mismo se dirigía a una humilde fregona, que a un alto dignatario del gobierno, el emperador Guillermo II.

Si otros querían perder el tiempo pensando en bonitos uniformes y en bien cortados trajes, magnífico. Pero él no necesitaba nada de todo eso porque toda su atención se fijaba en la investigación de su trabajo, llegando a publicar al año de estar en Berlín una parte importante adicional a su teoría de la relatividad. El trabajo habría suscitado un mayor revuelo en el mundo científico que aquel primero que publicó en Berna, de no existir otros acontecimientos importantes que empezaban a conmover al mundo: Alemania había invadido Bélgica y Francia, y la Primera Guerra Mundial había estallado con inusitada furia.

Y él, que odiaba la violencia y la guerra con todas las potencias de su ser sensible y delicado, ahora se encontraba en Berlín, la capital de la nación que desencadenó aquella catástrofe. No le quedaba más alivio que entregarse más a fondo en su trabajo, y un día, calladamente, sin ruido ni invitaciones, en una sencilla ceremonia, contrajo matrimonio con su prima Elsa el 2 de junio de 1919.

Con la guerra se desataron los odios y los rencores, los nacionalismos y la política, y muchos científicos quedaron divididos en campos irreconciliables. Albert Einstein se dolía profundamente de esto y por esas fechas escribió a uno de sus numerosos amigos:

«Haría con gusto lo que fuera por mantener unidos a los colegas de los diferentes países. ¿Acaso no es un puñadito de pensadores activos la única patria para la que uno de nosotros conserva aún algo serio? ¿Pueden esos hombres tener modos de pensar que sean función exclusiva del lugar donde residan?»

Y más adelante, refiriéndose a la posibilidad de algún riesgo que él podía temer al estar nacionalizado en Suiza siendo alemán y al hecho irreversible de ser judío, añade:

«Desde luego, la vida es un asunto emocionante y yo disfruto de ella. Es verdad que la vida puede llegar a ser maravillosa. Pero si supiese que me iba a morir dentro de tres horas, la noticia me impresionaría muy poco. Me pondría a pensar en la manera de emplear del mejor modo esas tres horas últimas, ordenaría mis papeles y me tumbaría en paz, a esperar...».

Además de sus palabras, con sus hechos demostraba que no temía por su vida ni le daba un gran valor. La gente estaba horrorizada con la muerte y la destrucción que causaba la guerra y muchos prominentes alemanes se esforzaban para demostrar que la culpa no había sido de ellos, firmando manifiestos para intentar dejar la política alemana del emperador Guillermo II bien librada. Artistas, políticos, científicos firmaban tal declaración y a Einstein le instaron para que también pusiera allí su firma. Pero, tras negarse en redondo, con su bondadosa sonrisa les dijo:

—Ahora es demasiado tarde para buscar a quién adjudicarle la culpa de tantos horrores, caballeros. Mejor sería que utilizaran sus esfuerzos para tratar de restablecer la paz...

Los funcionarios del gobierno alemán quedaron irritados ante aquella actitud del joven sabio. Al ser miembro de la Academia de Ciencias, aunque se hubiese nacionalizado en Suiza, hasta aquellos momentos habían considerado a Albert Einstein como una gloria nacional, orgullosos de tener al sabio más famoso del mundo. Pero con su negativa les vino a decir que él creía que la guerra era innecesaria e inhumana y que los consideraba culpables a ellos. Las autoridades alemanas empezaron a mirarle con recelo, por tres buenas «razones» que hasta entonces parecían haber olvidado: no aprobaba la guerra, era «extranjero» y, además, Albert Einstein era judío.

Contrariamente, Suiza se mostraba satisfecha de que un hombre como él prefiriese seguir siendo ciudadano suizo. Por eso, para evitar la penuria de alimentos que el matrimonio Einstein tenía que soportar, de vez en cuando les enviaban paquetes que Elsa agradecía y que le permitían seguir cuidando de la salud de su marido, que últimamente se había vuelto más delicada.

Invitado en 1915 a sostener una entrevista con el famoso escritor francés Romain Rolland, más tarde Premio Nobel de Literatura y célebre pacifista, las autoridades alemanas duraron mucho en conceder a Einstein el correspondiente visado para que se trasladase a Suiza, donde tendría lugar la cita de Ginebra. Nadie mejor que este excelente profesional de la pluma para darnos una clara visión de cómo era Einstein por aquellos años, por lo que no dudamos en citarle:

«Pasamos toda la tarde en la terraza del Hotel Mooser, detrás, en el jardín donde iban y venían las abejas libando la miel de la hiedra en flor. Einstein es aún joven, no muy alto, de rostro ancho y largo. Tiene los cabellos exuberantes, de pelo algo rizoso, seco y muy negro, aunque mezclado ya con gris; la frente, alta; la boca, pequeña; la nariz, algo gruesa y llamativa; los labios, abultados. Lleva un bigotito corto. Es de mejillas más bien llenas y de barbilla redondeada. Le resulta difícil hablar francés y lo mezcla con expresiones alemanas. Es muy vivo y de risa fácil. Sabe dar a los pensamientos más serios un matiz risueño. Es increíblemente libre en sus juicios sobre Alemania, país en que vive. No hay ningún alemán que posea esa libertad. Cualquier otro habría padecido al sentirse intelectualmente aislado durante este terrible año; él no lo siente en absoluto; se ríe y hasta ha encontrado medios para escribir sus importantes obras científicas. Se trata de su famosa «teoría de la relatividad». Yo no sabía casi nada acerca de esa teoría cuando comenzó nuestra entrevista. Pero mi amigo Zangger me susurró al oído: "Se trata de la mayor revolución del espíritu, desde Newton". Interesado, le pregunté a Einstein si comunicaba sus ideas a sus amigos alemanes y si las discutía con ellos. Dijo que no; se conformaba, como Sócrates, con dirigirles muchas preguntas, para hacerles comprender. "Pero a la gente no le gusta eso", añadió...».

Digamos aquí que más tarde el famoso escritor francés Romain Rolland supo que la teoría de la relatividad de Einstein se refiere a la relación entre el tiempo y el espacio, y entre la materia y la energía. Las ideas que contiene son tan complejas, que incluso muchos científicos no llegan a comprenderla de una forma total. Pero la demostración auténtica era posible: si la teoría de la relatividad era correcta, las estrellas vistas en la dirección del sol habrían de aparecer ligeramente fuera de sus verdaderas posiciones.

¿Pero cómo podrían ver los astrónomos estas estrellas tan cercanas a los bordes deslumbradores del Sol? Lo único que cabía esperar era un eclipse total. Durante un eclipse, la luna se traslada frente al Sol, ocultándolo la tierra. Por lo tanto, eliminando el resplandor, las estrellas próximas al Sol pueden ser vistas en el cielo entonces ensombrecido.

Y, efectivamente, las dos expediciones científicas enviadas por la Royal Society of London a la ciudad brasileña de Sobral y a la Isla Príncipe, en el África portuguesa, observando el eclipse total del 29 de marzo de 1919, confirmaron la precisión y exactitud de la teoría de Einstein.

La Royal Society of London es una de las agrupaciones científicas más importantes del mundo, y sus astrónomos llevaron consigo un complicado equipo fotográfico con la esperanza de no encontrar densas nubes que impidiesen captar el eclipse. Albert Einstein sabía algo sobre tales proyectos, pero su trabajo de investigación le mantenía alejado de todos los preparativos. Pero un buen día su esposa Elsa le puso un paquete sobre la mesa donde trabajaba, anunciándole sencillamente:

—Estas son las fotografías sacadas por los astrónomos de la Royal Society of London, cariño.

El sabio siguió trabajando sin darle importancia al envío, hasta que por fin deshizo el paquete y se puso a contemplar al trasluz las fotografías. Su esposa miraba por detrás de sus hombros y al poco rato solo le escuchó comentar:

—¡Precioso! ¡Maravilloso!

—¡Lo es! Ahora ya cuentas con una prueba irrefutable de tu teoría —exclamó llena de entusiasmo la paciente esposa.

Albert Einstein miró con fijeza a su compañera, de forma casi interrogante al indagar:

—¿Prueba, Elsa? ¡No entiendo!

—Me refiero a tu teoría de la relatividad, Albert. ¡Ya nadie podrá negarla!

Albert Einstein empezó a reír con ganas, casi con lágrimas en sus ojos, hasta que más calmado logró decir a su compañera:

—¡Pero si yo nunca necesité esa prueba, Elsa! Ellos son los que la necesitaban, yo no, querida. Sabía que los observadores encontrarían «eso».

Algo perpleja, la esposa se defendió:

—¡Pero te oí decir... «maravilloso», Albert! ¡Lo dijiste!

—¡Ah, sí! Pero lo que quería precisar es que resulta maravilloso el trabajo de esas admirables fotografías, mujer. ¡Nada más que eso!

Albert Einstein era así, y en el momento en que otros sabios astrónomos demostraban al mundo con pruebas irrefutables que su teoría era cierta, en vez de ufanarse por su intuición, por su inteligencia, por sus muchos años de paciente trabajo y por la clarividencia de su genio creador, lo que ponderaba era el trabajo de los astrónomos fotógrafos que tanto le había gustado.

El testimonio de haber descubierto alguna verdad o de haber destruido algún error, es, a juicio mío, el mejor trofeo que la posteridad puede elevar a la gloria de un hombre.

FEDERICO EL GRANDE

CAPÍTULO IV

En el momento de alcanzar la gloria, Albert Einstein perdió para siempre lo que más deseaba: su tranquila y serena soledad.

La prueba de que el vasto universo tenía las dimensiones relativas que Einstein le había dado y que las leyes físicas en su totalidad se reflejaban en sus complicadas ecuaciones, saltó al plano general. Desde entonces, en todos los países y en todas las lenguas, se habló de él y las peticiones para que diera conferencias y asistiera a reuniones científicas se convirtieron en un constante diluvio.

Sacos repletos de correspondencias se vaciaban diariamente en su departamento, y no todas de universidades y centros científicos. También las había de clubes de mujeres, de financieros, de organizaciones de negocios y hasta de fabricantes, como aquel señor que solicitaba para poner a uno de sus puros el nombre de «Relatividad». Y niños, a los que Albert Einstein jamás vería, diariamente eran bautizados con su glorioso nombre en las cinco partes del mundo.

—¡Esto es una locura! —protestaba Elsa, obligada a organizar la vida de su ocupado esposo, que a su vez respondía con su particular filosofía:

—No te preocupes, mujer. Dentro de poco se habrán olvidado de mí y de mi teoría, ¡el mundo es así! Yo diría que es... ¡otra de sus «leyes»!

Pero Elsa, convertida en escudo para que los cazadores de publicidad no molestaran a su esposo, trabajaba lo indecible para seleccionar la copiosa correspondencia que recibía el sabio, exclamando Einstein cada vez que veía su fotografía en las portadas de revistas y diarios:

—¿Quién es este caballero de cara gorda y nariz cómica, Elsa? ¿De veras soy yo, cariño?

Los viajes se multiplicaron y las conferencias también. Muchas veces su inseparable esposa lo acompañaba, preocupándose, cuando no era así, al tener que recordarle haciendo las maletas:

—El traje negro es para la noche del discurso, Albert. ¡No lo olvides! Y te pones una camisa limpia, los zapatos nuevos... ¡Y los calcetines, por favor!

—¿Cómo, cómo...? ¿Acaso me he olvidado alguna vez de ponerme los calcetines? —protestaba sin mucha seguridad él.

—¡Sí! ¡Muchas veces! En Londres... y en París. ¡Y en Roma, acuérdate!

—¡Qué barbaridad! ¿Qué pensarían todos aquellos señorones de mí?

Pese a su asombro y protestas, cuando regresaba del viaje y al deshacer las maletas, la escandalizada Elsa tenía que volver a reprender:

—¡Albert! Diste tu conferencia y no te pusiste el traje negro. ¡Ha vuelto tal como yo lo puse!

Como un niño que ha cometido una tremenda travesura, el sabio se acercaba a la maleta y a su esposa y volvía a exclamar, sinceramente escandalizado:

—¡Qué barbaridad! ¡Otra vez lo hice! Lo... lo siento, Elsa.

Luego, iluminando el rostro con su sonrisa bondadosa, terminaba por razonar:

—Bueno, mujer. No hay que darle tanta importancia a eso. Después de todo, ellos estaban allí para oírme, no para ver si vestía elegantemente. ¿No te parece?

Nunca tomaba en serio la circunstancia de haberse convertido en una persona importante. Cuando el Observatorio Astronómico de París lo invitó para que hablase ante los más eminentes sabios franceses, llegó a la capital de Francia en un compartimiento de tercera clase en el tren. Naturalmente, el comité de recepción fue a buscarle en los de primera y no encontraron al sabio; pero él se hizo notar tocándole a uno de aquellos enlevitados por una manga, al musitar:

—Si buscan al señor Einstein, soy yo, caballero... ¡Encantado de conocerlos!

Sufrió mucho con la muerte de su anciana madre, que llegó enferma a Berlín y murió en la casa de su hijo en mayo de 1920. Esta sensible pérdida le afectó profundamente.

El sentimiento antijudío en Alemania se acentuaba según pasaban los años, hasta el extremo de que algunos sabios alemanes empezaron a llamar «ciencia judía» a la teoría de la relatividad. En realidad, él jamás

se mezclaba en política y en cuanto a sus creencias religiosas siempre fueron muy amplias. Nadie ha podido tacharle de partidista o de formar parte de grupos más o menos activistas o revolucionarios, fiel a su palabra y a sus hechos como lo demuestra lo que en cierta ocasión dijo:

—Nunca he sentido la necesidad de incorporarme a otros hombres ni a ningún grupo humano, y esta actitud contrasta con mi apasionamiento e interés por la justicia social y por las obligaciones sociales. Soy lo que se dice un perfecto huraño, y nunca he pertenecido por completo al Estado, ni a la Patria, ni al círculo de amigos, ni aun a la familia íntima, sino que, con todas esas obligaciones y frente a ellas, siempre me he sentido irremediablemente extraño y he experimentado una necesidad ineludible de soledad, sentimientos que, con los años, aún se han ido aumentando...

Y añadió en tal ocasión, para terminar:

—Claro está que una persona así pierde parte de ingenuidad y de despreocupación, pero en cambio resulta muy independiente respecto de los juicios y de las opiniones de los demás, y nunca caerá en la tentación de buscar un equilibrio en esa base inconsistente.

Sin embargo, pese a esa actitud totalmente neutral, Albert Einstein no dejó de notar la presión que, desde distintos puntos del país, ciertos alemanes pretendían hacer contra él. Bien que le dolía esta actitud, pero exclusivamente dedicado a su trabajo, pronto olvidaba tales sinsabores y cuando efectuaba sus largos paseos por la ciudad, hacía que no notaba las miradas de odio que lo seguían a lo largo de la calle. El mismo comportamiento comedido y reposado observaba cuando asistía a alguna conferencia, en la que cualquier científico pionero de las nuevas ideas nazistas pretendía echar por tierra todas sus teorías. Atentamente escuchaba su cólera y sus falsos razonamientos, meneando de vez en cuando su leonada cabeza, como si el que arremetía contra él estuviese hablando de un verdadero extraño al que no conocía. O todo lo más, al terminar y levantarse, para sí musitaba:

—¡Lástima de inteligencia! Ese hombre podría haber hecho algo mejor para el mundo que esforzarse en destruir la verdad.

Así las cosas, sus constantes viajes fuera de la agitada Alemania constituían treguas de reposo para él. Entonces su buen humor salía a relucir, y en cierta ocasión en que tuvo que regresar una vez más a Praga, tras la conferencia que dio y en el banquete que se le ofrecía, observando que muchos de los asistentes no entenderían el discurso que pensaba dar, sonriendo, propuso:

—Quizá sería para estos señores más comprensible y más agradable oírme tocar mi violín. ¿Qué les parece, amigos míos?

Su idea fue acogida con aplausos y, extrayendo de su estuche el violín, procedió a tocar unas sonatas de Mozart que encantaron al culto auditorio. Recibió la nueva salva de aplausos con su cálida sonrisa y los ojos radiantes, comentando antes de retirarse con su estropeado sombrero y su estuche de violín:

—¡Ya decía yo que les gustaría, amigos míos! La música también acerca a los seres humanos... ¡Y es menos aburrida que mi dichosa teoría de la relatividad!

Siempre sencillo y huyendo de la publicidad, en su primer viaje a los Estados Unidos en el año 1921, Albert Einstein tuvo que sufrir el acoso de los periodistas y sus preguntas. Primero procuró tomar aquello con calma y sonreír a las cámaras que no dejaban de parpadear, pero cuando le zarandearon en su afán para sacarle fotografías desde todos los ángulos, realmente escandalizado exclamó:

—¡Santo cielo! ¡Me siento como una «prima donna»! ¡Yo no soy ningún cantante de ópera, señores!

En Nueva York, Albert Einstein y su esposa fueron recibidos por el alcalde, que les entregó las llaves de la ciudad, como prueba de que toda la ciudad los aceptaba. Días más tarde serían recibidos por el presidente Warren Harding en la Casa Blanca, en Washington, trasladándose después a Princeton, Boston y Chicago, en donde se vio obligado a exponer sus famosas teorías. Los periodistas volvieron a rodearle, zarandeándole con sus preguntas:

—¿Le gusta mucho nuestro país?

—¡Pero si todavía no conocemos los Estados Unidos, amigos!

—¿Por qué causa tanta conmoción entre las mujeres su teoría de la relatividad, señor Einstein?

—¡Ahora, no sé! Quizá porque las mujeres gustan de cambiar cada año de moda y este año parece que la moda es la relatividad... ¡Digo yo!

—Y usted, señora Einstein. ¿Entiende la teoría de su marido?

—La comprensión de la relatividad no es necesaria para mi felicidad —respondió muy seria Elsa.

No obstante todas estas molestias, el matrimonio Einstein pudo apreciar que en aquel inmenso país reinaban costumbres y libertades que no podían disfrutar los alemanes en el suyo.

Al regresar a Europa, Londres los recibió con la misma solemnidad y fue huésped de Lord Haldane, ministro de la Guerra y gran canciller. Conoció personajes de tanto relieve como el profesor Eddington, presidente de la Royal Society, el famoso dramaturgo Bernard Shaw, el arzobispo de Canterbury y otras muchas personalidades. Como jefe escrupuloso de la Iglesia de Inglaterra, el arzobispo de Canterbury no quiso desaprovechar aquella excelente oportunidad, preguntándole al famoso sabio:

—Dígame, profesor Einstein... ¿Existe alguna íntima relación entre su teoría de la relatividad y la religión?

Viéndolo preocupado, sin ninguna vacilación, el sabio preguntado respondió categóricamente:

—¡Ninguna, monseñor!

—¡Ah, menos mal! —exclamó el arzobispo, más tranquilizado.

Nuevas conferencias, nuevas visitas a universidades mundialmente famosas, nuevos banquetes, recepciones, discursos y entrevistas con los periodistas, les salieron al paso antes de cruzar el canal de la Mancha y viajar camino del hogar. Cuando por fin los dos se vieron en su cómodo nido, en Berlín se miraron profundamente y la fatigada Elsa se hundió con agrado en los blandos almohadones. La tarde caía y la quietud de la semioscuridad les dio el reposo y la tranquilidad que ansiaban.

Albert Einstein se levantó sin deshacer las maletas, sin tan siquiera quitarse el abrigo; abrió el estuche de su querido violín y se puso a interpretar a Mozart. Hubo un momento en que levantó la vista y encontró los ojos queridos de su compañera fijos nuevamente en él; los dos adquirieron una abstraída expresión de paz y la mujer musitó:

—Gracias por esa música, cariño.

—Gracias a ti, Elsa. Por tanta paciencia, por tu comprensión y por quererme.

Desgraciadamente en la derrotada Alemania no existía la misma paz y el mismo sosiego que en el hogar de los Einstein. Al pobre y desalentado pueblo —de la no hacía mucho orgullosa Alemania de Guillermo II—, le costaba admitir que los errores de sus soberbios gobernantes habían provocado su caída y su miseria. Y no queriendo culparse a ellos mismos de las difíciles circunstancias que debían soportar tras el fracaso de la Primera Guerra Mundial, buscaban con afán a otros culpables que pagasen los platos rotos.

Los judíos debían ser la primera víctima propiciatoria y, como otros muchos de los suyos, los Einstein empezaron a recibir veladas amenazas. No obstante, como el mundo entero ya conocía el nombre de Albert Einstein y le rendía tributo de admiración, se vieron más protegidos de aquella absurda irritación contra los de su raza y su religión. Y Albert Einstein, que nunca se había mezclado ni en política ni en religión, al ver a los suyos perseguidos y escarnecidos, por primera vez en su vida se sintió más íntimamente ligado a ellos.

—No tenemos dinero, pero sí puedo utilizar mi posición ascendiente para intentar proteger a esos perseguidos —decidió Einstein—. ¡Y haré todo lo que pueda por ellos!

—Albert... —vaciló su esposa—. ¡Eso nos traerá represalias!

—¡No las temo, Elsa! No haremos nada inmoral ni nada que puedan decir que está fuera de la ley.

Desde aquel día se mostró deseoso de presentarse en funciones de caridad, puesto que su presencia, incluso en Alemania, aún despertaba gran curiosidad y lograba reunir a las multitudes. Personalmente, Albert Einstein jamás había aceptado regalos o estipendios fuera de lo que le ofrecían legalmente por sus conferencias, pero para «ganarlas» no tenía inconveniente en tocar en tales reuniones su maravilloso violín, al objeto de recaudar fondos que más tarde entregaba íntegramente a los necesitados.

En cierta ocasión viajó a una ciudad alemana y el corresponsal de prensa que había sido enviado para hacer la reseña del festival, joven inexperto y petulante, cuando el famoso sabio terminó de tocar su violín le preguntó a una encopetada dama:

—¿Quién es ese Einstein que toca tan bien, señora?

—¡Cielos, caballero! —exclamó escandalizada la mujer—. ¿No sabe usted realmente quién es Albert Einstein?

—Pues no, señora. A mí me ha mandado el Partido y...

La dama no quiso perder más tiempo con aquel corresponsal —más experto en cuestiones militares, políticas y de su Partido Nazi—, que en música y en asuntos científicos. Al otro día apareció la reseña en el periódico hablando de un «virtuoso del violín conocido por Einstein», que interpretaba a Mozart, a Beethoven y a Bach con gran maestría...

Cuando Albert Einstein se enteró, la risa afluyó a sus labios y no se sintió ofendido. Al contrario, desde aquel episodio, con cierto aire burlón, de vez en cuando les decía a sus amigos:

—Me tomáis por un hombre de ciencia, ¿verdad?

—Así es, Albert. ¿Acaso no lo es quien ha sido capaz de dar a conocer al mundo la teoría de la relatividad y tantas importantes conclusiones de aplicación científica? ¿No lo es quien es miembro honorario de famosas universidades y tiene muchas condecoraciones, medallas y premios merecidamente ganados?

Albert Einstein cortaba el discurso, presentaba aquel recorte de periódico y muy regocijado comentaba:

—Pues leed aquí. ¡Dice que soy un violinista famoso! ¡Un virtuoso del violín, nada más! ¡Eso soy!

Para librarse de la presión que ciertos sectores de Alemania ejercían sordamente sobre él, accedió a dar unas conferencias en el Japón con gran alegría de su esposa. Fue aquel uno de sus más fructíferos viajes, embarcando en Marsella rumbo a Egipto, India, China y finalmente la capital del Imperio del Sol Naciente. Pero lo que más le impresionó, llegando a emocionarle, fue ver a miles de sus oyentes sentados durante horas, quietos, atentos e inmóviles, mientras él les hablaba en una lengua que muchos no entendían, y sobre una materia tan complicada, que la mayoría tampoco podía entender.

Cuando llegaron a sus aposentos miró a su paciente esposa y el sabio manifestó:

—¿Sabes la explicación de ese fenómeno, Elsa?

—No, Albert... Quizá lo han hecho por cortesía. ¡Los japoneses son así!

—Es posible, cariño. Pero también por otra profunda razón. El mundo, la gente y todos los pueblos en general están ansiosos de verdad. ¡De verdades puras y matemáticas! Sus periódicos les habrán informado que yo, un triste mortal llamado Albert Einstein, ha descubierto leyes en el universo que son inmutables. ¡Y deseosos de conocer al ser humano que ha escudriñado en esas leyes del universo...! ¡ni se han movido!

Siempre con su curiosidad insaciable que le devoraba desde muy niño, dio largas caminatas en aquel pintoresco país para conocer a la gente, sus costumbres y su forma de vivir.

Cuando a las pocas semanas se alejaban del Japón, como prueba del afecto de los amigos científicos que había dejado allí, su camarote se vio atestado de regalos y cajas llenas de recuerdos. También se llevaban la buena voluntad del laborioso pueblo japonés, que con su fina intuición supo adivinar que aquel hombre, más que un sabio alemán, era un ciudadano del mundo: un hombre dedicado por entero, con cuerpo y alma, a la humanidad.

De regreso a Alemania, Albert Einstein quiso hacer un alto en Palestina y fue recibido por un alto comisario británico en aquella tierra milenaria del pueblo judío. Allí debió meditar, como solo él sabía hacerlo, sorprendiéndole la noticia en este viaje por Oriente de que la Academia Sueca de Ciencias le había concedido el Premio Nobel de Física, que constituye uno de los más grandes honores que pueda recibir un hombre.

Albert Einstein, cuando fue nombrado miembro de la Academia de Ciencias de Berlín, adquirió automáticamente la ciudadanía prusiana.

Era el año 1922 y toda Alemania se llenó de júbilo al conocer la noticia, ya que este era el primer Premio Nobel otorgado a un alemán desde la guerra, consolando en parte al pueblo de la humillación de la derrota. Y cosa curiosa: los enemigos de Einstein, los que le reprochaban ser judío, por el momento parecieron olvidar tal circunstancia y se unieron a las voces de satisfacción. En sí mismo, el alto galardón poseía un gran valor económico, esta cantidad monetaria fue entregada a su ex esposa Mileva Maric, con el fin de cumplir la promesa que le había hecho Albert Einstein años atrás para obtener el divorcio, y así poder eliminar toda angustia económica para ella y sus dos hijos.

Después de recibir de manos del rey de Suecia el Premio Nobel, el matrimonio Einstein consideró que había llegado la hora de reposar una larga temporada en su casa de Berlín. Necesitaba trabajar en un nuevo tratado que llamó la «**teoría unificada del campo magnético**», como consecuencia lógica de lo explicado en una parte de su famosa teoría de la relatividad. Esta ardua labor le llevó varios años, publicándola antes de cumplir los cincuenta años, cuando ya en 1929 no existía una universidad ni ningún centro científico en el mundo que no conociera el portentoso trabajo que había realizado aquel hombre.

Por estas fechas ya se demostró la importancia fundamental que para la física nuclear y para el aprovechamiento técnico de la energía atómica podían tener los trabajos de Einstein. Cierto que aún pasarían muchos años antes de que las realizaciones pudieran ser útiles para la humanidad, pero en los laboratorios, en las universidades, en los centros especializados, y por no pocos pequeños ensayos, se admitían su importancia. Lo dicen también las palabras del sabio Max Born cuando expresó, maravillado:

—Los trabajos de Einstein son la auténtica obra de un hombre que ha revolucionado, entre otras muchas cosas, toda la cosmología. Estos escritos aparecieron como la obra más grande del pensamiento humano sobre la Naturaleza, obra en la que se aúnan de un modo asombroso la profundidad filosófica, la intuición física y el arte matemático. Siempre admiré estas obras como si fueran el más alto arte puro...

Al oír tantos elogios y verse nuevamente invitado a dar conferencias, ciclos de estudios y tener que conceder entrevistas, Albert Einstein quedó perplejo y, en su humildad, exclamó:

—Pero ¿para qué quiere la gente conocer la teoría unificada del campo magnético? ¡No es posible que puedan entenderla, Elsa!

—Confían en ti. Saben que les descubrirás nuevas leyes físicas universales.

—Sí, pero mientras tanto... ¡A mí me fastidian con tanto trajín y no me dejan trabajar! ¡Y hay todavía tanto que descubrir, calcular y resolver!

Un día, entre las muchas invitaciones, encontraron una que llegaba desde California. Le ofrecían un puesto de profesor en el Instituto de Tecnología de Pasadena con una magnífica compensación económica y por solo un curso de tres meses. El recuerdo de los Estados Unidos era grato y decidieron volver y nuevamente tuvieron que pasar por Nueva York. A Elsa le encantaban los altos rascacielos y todo aquel ambiente, y una tarde Albert Einstein decidió dar uno de sus largos paseos, visitando la famosa iglesia de Riverside en una loma a orillas del río Hudson.

El reverendo Fosdick, como ministro del hermoso edificio, lo acompañó deseando mostrarle la singularidad de esta iglesia, única en el mundo. En el arco de la entrada se encuentran las estatuas de los más grandes hombres que han existido en la historia de la humanidad: Pitágoras, Sócrates, Platón, Aristóteles, Buda, Confucio, Jesucristo, infinidad de filósofos y... ¡Einstein!

El visitante quedó perplejo, como anonadado, sin saber qué decir mientras su acompañante comentó:

—Ya puede ver que aquí veneramos a más de seiscientos hombres, sin importarnos su raza, credo, religión u oficio, que han contribuido al bien de la humanidad. ¡Y usted es uno de ellos!

Albert Einstein seguía sin saber qué decir y silenciosamente se puso a leer las leyendas conmemorativas al pie de cada una de aquellas estatuas. Secretamente se sentía muy emocionado y no era capaz de expresar sus sentimientos con palabras, hasta que por fin logró musitar:

—¿Y yo... yo soy el único entre todos ellos... que vive todavía?

—Así es, profesor Einstein. ¡Dios quiere aún conservarlo entre nosotros!

Una vez más con sencilla humanidad inclinó la cabeza, y con cierta turbación musitaron sus labios:

—¡Pues sí que es una tremenda responsabilidad, amigo mío! Haré todo lo posible por no defraudarles. ¡Se lo prometo!

Aquel hombre que había tenido el gran honor de verse entre los mejores que hayan existido en la historia de la humanidad, hasta la hora de su muerte jamás dejó de trabajar.

Su estancia en el Instituto de Tecnología de Pasadena resultó tan provechoso que tuvo que aceptar una nueva invitación para el año siguiente. Aún quedaban muchos meses para empezar el nuevo curso y decidió viajar hasta Arizona, en donde fue formalmente adoptado por los indios hopi en una curiosa ceremonia a la que asistió toda la tribu. Con su infinita paciencia y su sonrisa bondadosa en los labios, el sabio acostumbrado a buscar en los misterios del universo, permitió que le nombraran miembro honorario de la tribu, con el curioso nombre de «Jefe Gran Pariente».

En la primavera de 1932, Einstein y su esposa se encontraban en Berlín en uno de sus intervalos de visitas a California, cuando toda Alemania se hallaba trastornada por los acontecimientos políticos. La marea nazi, encabezada por Hitler, adquiría una fuerza pujante y arrolladora. El Estado democrático alemán se debilitaba cada día más y Einstein se mostraba inquieto, al adivinar que el creciente Partido Nazi se impondría finalmente por la fuerza.

Los acontecimientos posteriores demostrarían que, una vez más, Albert Einstein no se equivocó...

Pero ajeno a la política y contando con un pasaporte especial que le concedía privilegios diplomáticos, se presentó en el consulado de los Estados Unidos para realizar su periódico viaje a California, donde le esperaba el curso que cada año tenía que dar allí. Aquella vez empezó a encontrar dificultades y agriamente uno de los funcionarios le interrogó:

—¿Para qué quiere ir a los Estados Unidos?

—Todo el mundo lo sabe, señor. Voy para reanudar unos trabajos en compañía de otros hombres de ciencia. ¡Y por invitación de su país!

—Nos preocupa su activismo político, señor Einstein —respondió aquel funcionario, tomando notas en un expediente—. ¿Cuál es su filiación política?

—Nunca he tenido filiación política —respondió el sabio, pasando nerviosamente una de sus manos por sus enredados cabellos—. En todo caso, mi «filiación» política es la ciencia.

Las dificultades seguían y, ya molesto, se negó a continuar con aquel asunto, resolviendo que si había alguna objeción, preferiría no viajar a los Estados Unidos. A él no se le podía tratar como si fuese un espía y aquella misma tarde hubo gran agitación en los círculos diplomáticos de Norteamérica y Berlín. La prensa lanzó la noticia a la calle; los correos volaban; el revuelo fue grande y el propio cónsul general de los Estados Unidos tuvo que llamar a Albert Einstein para disculparse y decirle que las preguntas habían sido formuladas por simple rutina.

—¿Y por qué me han de interrogar como si yo fuera un criminal? —respondió el ofendido sabio—. ¡Todo el mundo conoce los pormenores de mi vida, que para mi desgracia se ha dado a la publicidad más que suficiente! ¡He dicho que no iré a California!

Excepto su esposa, nadie logró convencerle. Y eso porque, pacientemente, Elsa le estuvo explicando que, con toda seguridad, al grosero funcionario le costaría el empleo si se negaba a ir. Solo esto le hizo variar de actitud, llevado por su bondad al pensar:

—¡Es cierto, Elsa! Ese pobre hombre quedará sin empleo y yo seré el responsable. ¡Mañana mismo partiremos para los Estados Unidos!

Días después, la mirada de Albert Einstein se detenía en cada objeto de su escritorio y en los anaqueles repletos de libros, examinando con infinito amor todo lo que le había rodeado en aquel pisito del número cinco de la *Haberlandstrasse* de Berlín. Porque, con su fina intuición, al abandonar aquel lugar en el que había sido tan feliz con su esposa, adivinaba que jamás volverían.

Norteamérica sería el país que lo acogería.

*Si plantamos el árbol de la
sabiduría cuando somos jóvenes, él
nos dará la sombra en la vejez.*

CHESTERFIELD

CAPÍTULO V

Al partir de Europa, además de su intenso trabajo de tantos años y la legión de alumnos que se habían nutrido bajo su sabiduría, Albert Einstein dejaba una larguísima lista de amigos.

Y lo más notable es que estos amigos de Einstein no eran gente vulgar y corriente. Sin contar a los reyes, a los príncipes, a los ministros y a los muchos gobernantes que lo recibieron y premiaron colmándole de medallas y honores, con los que no siempre estuvo de acuerdo, había hombres de altura intelectual tales como Bertrand Russell, Bernard Shaw, Herbert Wells, Miguel de Unamuno, Barbusse, Duhamel, Romain Rolland, Picasso, Pablo Casáis, Gandhi, Tagore, Leónidas Pasternak, hermano de Boris Pasternak que, como muchos otros de sus amigos, llegaría a ser también un Premio Nobel.

¡Y tantos y tantos otros, que sería larguísimo enumerar...!

Pero todos eran hombres de altura: hermanos en espíritu, como el mismo Albert Einstein dijo en más de una ocasión.

Pero en Norteamérica nuevas generaciones de estudiantes lo estaban esperando, también necesitados de su ciencia. En aquel Nuevo Mundo cada día se trabajaba más para la comprensión del universo, que la raza humana pretende algún día habitar, saliéndose del pequeño y reducido planeta donde misteriosas leyes evolutivas le han afincado. ¡Y allí lo necesitaban!

En tanto que en Europa se fraguaba la terrible Segunda Guerra Mundial y el exterminio de los judíos.

De Alemania no le llegaban buenas noticias. Tal como él había predicho, Adolfo Hitler fue nombrado canciller del Tercer Reich alemán y con su formidable poder, fiel a sus belicosas doctrinas, se disponía a desencadenar la Segunda Guerra Mundial. La persecución contra los judíos se intensificó, y un día, estando en Nueva Jersey, Albert Einstein recibió la visita de un antiguo conocido, el doctor Schwartz, recientemente nombrado cónsul alemán en Nueva York.

Hablaron los dos hombres largamente, hasta que el representante de Hitler abordó con suavidad:

—Mi estimado profesor, he venido con el propósito de persuadirle para que regrese a nuestra patria. Usted es un hombre mundialmente famoso, un investigador excelente y una de las mayores glorias para Alemania. ¡Lo necesitamos!

—¡Ah, mi querido Schwartz! Con usted puedo ser absolutamente franco y le diré que me angustian profundamente las actividades del Gobierno alemán. ¡Y no volveré a poner los pies en Alemania mientras la brutalidad reine allí!

—¿Es una decisión final, profesor Einstein?

—¡La es! —respondió con firmeza.

Días más tarde se enteraría de que, molesto el gobierno de Hitler por unas declaraciones públicas hechas por él, agentes de la temida Gestapo habían forzado la entrada de su piso en la *Haberlandstrasse* y destruido sus pertenencias, al tiempo que eran confiscadas sus cuentas bancarias. Nunca poseyó cosas de gran valor y jamás había concedido atención al dinero; en todo caso, lo poco que dejó en aquellos bancos fue ahorrado gracias a la hábil administración de su esposa Elsa.

Y aun obrando contra él así, tuvo la delicadeza de enviar por escrito su renuncia a la Academia de Ciencias de Berlín, para no tener que forzar a su antiguo amigo Max Planck a que le mandase la «baja», como presidente, obligado por las autoridades nazis.

Meses después, los Einstein viajaron a Bélgica para asistir a unos actos públicos celebrados para el socorro de las víctimas de Alemania. Toda Europa sabía que millares de familias judías eran encarceladas y perdían todos sus bienes. Albert Einstein también era judío y, en su furor, Hitler no le perdonaba el desaire que le hizo al negarse a regresar, tras la invitación de su cónsul en Nueva York. Por eso, los periódicos alemanes le acusaban de contar mentiras y colaborar con los enemigos del país. En Berlín y otras ciudades alemanas se imprimían carteles con la fotografía de Albert Einstein, con la siguiente leyenda amenazadora al pie: «¡No se le ha ahorcado todavía!»

La esposa de Einstein estaba aterrorizada al saber que algunos buenos amigos de su marido habían sido cruelmente asesinados en Berlín. El rey y la reina de

Bélgica eran buenos amigos de los Einstein y se mostraban encantados de tenerlos en su país.

Pero Bélgica también se sentía amenazada. ¡Como toda Europa!

También se sabía que los espías de Hitler andaban a la «caza» de judíos alemanes en muchos países. Los nazis experimentaban un odio particular por Albert Einstein, y los reyes de Bélgica decidieron vigilar para que en sus dominios no se cometiera ningún atentado contra aquel sabio, invitado también por otras naciones para que encontrase un asilo y un feliz hogar. La Sorbona de París lo solicitaba, y lo mismo ocurría con la Universidad de Madrid, la de Oxford y la de Jerusalén. Pero Einstein ya había decidido que sería en la Universidad de Princeton, en Nueva Jersey, donde impartiría sus estudios.

La casita blanca en la que se instaló con su esposa no era en nada distinta a las demás. Princeton tiene un aire muy distinto a otras pequeñas ciudades de Nueva Jersey. Quizá se deba a su famosa universidad rodeada de parques y cuidados jardines, donde la vida discurre plácidamente, en forma tranquila. Pero muy pocas de esas otras ciudades cuentan con tantas librerías.

Cuando al profesor Einstein le preguntaron los rectores de la Universidad de Princeton qué era lo que necesitaba en el Instituto de Estudios Superiores, mirando la habitación que le ofrecían como oficina, vaciló:

—Veamos... Déjenme ver primero. ¡Ah, sí! Un pizarrón, un escritorio, algunas sillas, lápices, papel y... ¡creo que eso es todo!

Pareció olvidar algo y exclamó, iluminado su rostro con bondadosa sonrisa:

—¡Ah! Y un cesto para papeles de tamaño grande. ¡Me suelo equivocar mucho! ¡Mucho, amigos míos!

Pronto, la figura inconfundible del profesor Einstein se hizo popular en la tranquila ciudad. Lo veían pasear llevando zapatos de suela de hule, que el tiempo había moldeado cómodamente a sus pies, con unos pantalones muy holgados, una desteñida camisa de punto y, si hacía frío, un gastado «suéter» y su larga bufanda, mientras la brisa alborotaba su rebelde cabellera gris, conforme avanzaba con paso firme.

A veces, marchaba comiendo como un niño un cono de mantecado...

Al verlo pasar, los estudiantes le saludaban con una inclinación de cabeza y le sonreían amistosamente. El sabio profesor jamás dejaba de devolver el saludo, aunque, imperturbable, continuaba su larga caminata, ya en los últimos años, hacia el cementerio rural de Princeton, porque su compañera Elsa había muerto en 1936.

Nuevamente volvía a sentirse solo. ¡Tremendamente solo!

Pero en cierta forma parecía vivir feliz, porque lo hacía tan calladamente como siempre lo había deseado hacer. Y allí, en Princeton, encontró la paz y algo del aislamiento que tanto precisaba para sus estudios y sus investigaciones. Todo lo más, si algún curioso visitante de la ciudad disminuía la velocidad de su coche al pasar por la casa del sabio, Einstein un instante miraba por la ventana y luego proseguía su trabajo.

En realidad, sus hábitos de toda la vida permanecían inalterables. Ocasionalmente asistía a algún concierto y cuando entraba en el auditorio para ocupar su asiento, no parecía notar la conmoción que provocaba entre el público. Y es que su humildad era tanta que aún hoy en día los habitantes de Princeton recuerdan con cariño una anécdota que ocurrió la tarde en que el profesor Einstein decidió entrar en el cine, para ver una película sobre la vida de Emilio Zola.

Compró su entrada en la taquilla y caminó hacia el interior, comprobando que la sala de proyección estaba vacía. Había llegado con media hora sobre el horario previsto y algo confuso miró a un empleado, diciendo:

—Bien, esta es una hermosa tarde y aún tengo tiempo de dar un paseo. Daré una vuelta y regresaré más tarde.

—Como quiera, señor.

—¿Puede devolverme el boleto para entrar luego de nuevo?

El acomodador sonrió amistoso:

—No se preocupe, señor. Usted no necesitará el boleto cuando regrese.

Albert Einstein vaciló nuevamente, antes de exclamar extrañado:

—Pero... ¡puede usted no acordarse de mí!

El empleado sabía que aquel era uno de los hombres más famosos del mundo, cargado de honores por reyes, príncipes, ministros, gobernantes y universidades, pero se limitó a ampliar su sonrisa y prometer.

—Descuide, señor... ¡Lo recordaré siempre! ¡Siempre!

Albert Einstein se llevó la mano al ala del raído sombrero y a su vez sonrió al amable empleado. Durante toda su vida le costó trabajo admitir que fuera distinto a los demás hombres: mil veces dijo que él se limitaba a trabajar y que eso lo hacían diariamente millones y millones de seres como él.

Aunque, claro está: con la notable diferencia de que solo un Albert Einstein fue capaz de ofrecer al mundo su maravillosa y genial teoría de la relatividad...

La vida tranquila y sosegada que llevaba en los Estados Unidos no le impedía recordar a sus amigos y la agonía que estaba viviéndose en Europa. Adolfo Hitler se había convertido en un lobo furioso y desde la tierra natal de Einstein llegaban noticias de increíble horror. Su querida hermana Maya llegó en 1939 desde Italia para hacerle una visita, comunicándole la proximidad de la guerra. Llegaba acompañada de otros sabios científicos refugiados que hablaron al entrañable amigo con gran excitación: tenían noticias de que en Alemania se trabajaba en la posibilidad de liberar la tremenda fuerza que encierra el átomo.

Todo aquello estaba en íntima relación con las investigaciones que, muchos años atrás, Albert Einstein había realizado en 1905. Sus artículos habían sido publicados en aquella época y ahora otros sabios alemanes a las órdenes de Hitler investigaban sobre tan peligrosa fuerza.

Albert Einstein quedó anonadado al oír que uno de sus amigos aseguraba:

—Los investigadores de Hitler pueden llegar a usar las posibilidades de la energía atómica para la destrucción, profesor.

—¡Sería horroroso estando ese hombre en el poder! —exclamó Maya.

Otro de los visitantes de Einstein, más decidido, opinó:

—Aún encontrarán muchas dificultades para lograrlo, doctor Einstein. No tienen ni material ni equipo suficiente y también les falta un genio como usted.

Albert Einstein lo miró fijamente al indagar:

—¿Qué quiere decirme, buen amigo?

—Los Estados Unidos pueden hacerlo. ¡Deben hacerlo! Antes que lo haga Alemania y ese fanático de Hitler consiga armas atómicas que destruirían el mundo.

—Pero eso... ¡Eso es un terrible dilema, amigos míos! —aún protestó.

—Lo es, profesor Einstein. Pero no podemos elegir. ¡El tiempo apremia cada día más! ¡Es el futuro de la humanidad lo que está en juego! ¡De toda la humanidad, posiblemente!

Discutieron mucho, se abordaron todos los terribles problemas, se calcularon todas las posibilidades, y, al fin, responsabilizándose, Albert Einstein escribió una larga carta al presidente de los Estados Unidos, cuya decisión al respecto señaló el principio de la Era Atómica...

El principio de una era que, o bien puede ser el fin de la humanidad o señalar un maravilloso futuro.

¡Todo depende de los hombres!

Indiscutiblemente, se hizo con la mayor reserva y en los Estados Unidos aparentemente todo siguió igual. Pero aunque Albert Einstein directamente desarrolló

poco trabajo para el proyecto atómico, desde aquellos instantes se convirtió en una joya de incalculable valor que era preciso guardar. Prácticamente él era el creador de las ideas expuestas sobre la energía nuclear en 1905 en aquellas revistas alemanas y, por lo tanto, más que nunca podía ser raptado y conducido a la Alemania de Hitler.

Albert Einstein se nacionalizó norteamericano el 1 de octubre de 1940 en la ciudad de Trenton, Nueva Jersey. Su vida prosiguió tranquila, pero llena de anécdotas capaces, por sí solas, de llenar un voluminoso libro y a la par demostrativas de la natural bondad de este hombre. Una de ellas se refiere a la visita que le hizo el famoso Charles Chaplin, quien le dijo refiriéndose a la popularidad del sabio y a los aplausos que despertaba:

—A usted le aplaude la gente cuando lo ven, porque no lo entienden. A mí me aplauden porque me entienden todos.

O la de aquella niña de Princeton que le escribió ofreciéndole chocolate si le ayudaba en un problema de aritmética que se veía incapaz de resolver sola. Con su natural bondad, Albert Einstein tomó la pluma y, de puño y letra, pese a su mucho trabajo y a los miles de cartas que diariamente recibía, contestó:

«No. ¡El problema tienes que resolverlo tú sola! ¡Si yo te ayudara, sería una injusticia con tu profesor, y estoy seguro que no quieres portarte mal con él!».

Cuando la primera bomba atómica estalló el 6 de agosto de 1945 y la ciudad japonesa de Hiroshima desapareció, Albert Einstein se sintió terriblemente abrumado, cayendo en una tristeza que empezó a minar su

salud. Era consciente de que una de sus ideas científicas había abierto la senda a la investigación sobre la energía nuclear. Particularmente no podía sentirse responsable, pero su profundo amor a la humanidad no dejaba de acusarle en alguna manera, pese a que sus intenciones siempre fueron buenas.

Muerta hacía años su querida esposa Elsa, la hija menor de esta, Margot, y su fiel secretaria Helena Dukas, lo vieron languidecer como una flor que poco a poco se va marchitando. Años de constante trabajo, de incesante bucear en el universo para mostrar a los hombres el resultado de sus conclusiones, al final de su vida no le proporcionaba nada más que aquel tremendo disgusto. Una honda pena que se llevaría a la tumba, al más allá que él tanto había pretendido conocer, fuera del conocimiento del resto de los mortales.

Pero siguió trabajando, enseñando e investigando hasta que en 1955 y cuando no hacía mucho había cumplido los setenta y seis años, se encontró al borde del final y fue preciso internarlo en el Hospital de Princeton, debido a unas hemorragias internas. Su hija adoptiva, Margot, acudió en una silla de ruedas a verle por estar en el mismo centro sanitario, saludándola con buen humor al decir:

—¡Qué elegante vienes!

Su hijo Albert también llegó en avión procedente de la Universidad de Berkeley, a quien reprendió cuando le dijo que los doctores aseguraban que se encontraba bien y fuera de peligro:

—No seas mentiroso, Albert. ¡Sabes que no me gusta la mentira!

Pese a los dolores que le atenazaban, bromeaba de vez en cuando con todos para no afligir más a los amigos que acudían a verle. Y así llegó aquel fatídico 18 de abril de 1955, en el que el doctor Dean visitó al enfermo una hora antes de la medianoche y lo encontró dormido. Pero a la una y veinticinco se presentó una perforación de la pared de la aorta y el cansado corazón de Albert Einstein se detuvo para siempre.

El sabio más grande del mundo, el hombre que sabía las cosas que estaban fuera del alcance y la comprensión del resto de los humanos había muerto.

El lamento se hizo mundial y la tierra pareció cubrirse de luto. Muchos hombres eminentes alzaron su dolorida voz para llorar aquella pérdida irreparable. Pero quizá la más acertada fue la del primer ministro de la India, Pandit Nehru, que expresó su dolor así:

—Albert Einstein ha sido como un divino rayo de luz en un mundo cada vez más ensombrecido. ¡Recordémoslo siempre!

La voz de un español singular también se alzó y transcribimos las palabras del genial violoncelista Pablo Casáis:

—Ciertamente, Albert Einstein era un gran sabio, pero también aún mucho más que eso. Era, además, un pilar de la conciencia humana en unos momentos en los que se vienen abajo tantos valores civilizados. Con la muerte de Einstein, es como si el mundo hubiese perdido peso y una parte de su propia sustancia.

Sí, realmente era «como si el mundo hubiese perdido peso» y no son exageradas estas palabras, ya que con su trabajo, con sus infatigables investigaciones y

con el constante esfuerzo de su portentosa inteligencia, Albert Einstein nos dio a todos una visión clara y más cabal del universo.

Para terminar, solo nos resta decir que su pérdida no fue absoluta, puesto que no es morir quedar viviendo en el corazón de los otros...

AHORA, ¿QUÉ ME CUENTAS TÚ?

1. ¿Qué opinas de los prejuicios de muchos profesores sobre los alumnos que no sobresalen en todas las asignaturas? ¿Crees que el modelo de evaluación mediante calificaciones sea la más óptima?

....
....
....
....
....

2. Describe en qué espacios recae la genialidad de Albert Einstein. ¿Por qué es considerado como uno de los mayores genios de la historia del pensamiento científico?

....
....
....
....
....

3. A pesar de ser un verdadero prodigio, Albert Einstein fue un ser humano, y como tal, tuvo muchas virtudes y defectos. Menciona algunos de los últimos.

....
....
....
....
....

4. La personalidad curiosa y decidida a encontrar respuestas a preguntas nunca formuladas es la fuente de la excelencia científica de Albert Einstein. Para ti, ¿cuál es la importancia de nunca creer en verdades absolutas e investigar por ti mismo el porqué de las cosas?

....
....
....
....
....

5. ¿Crees que el pacifismo de Einstein esté relacionado, de alguna manera, con su avidez científica?

....
....
....
....
....

6. El conocimiento científico es un factor determinante para el desarrollo humano, sin embargo, muchas veces no se lo utiliza correctamente, un ejemplo de ello es la creación de armas de destrucción masiva. Menciona factores positivos y negativos de la ciencia.

....
....
....
....
....

ÍNDICE

Capítulo I 7

Capítulo II 27

Capítulo III 45

Capítulo IV 71

Capítulo V 93

Ahora, ¿qué me cuentas tú? 112

Índice 114

TÍTULOS PUBLICADOS EN ARIEL JUVENIL ILUSTRADA

1. Eneida – Virgilio
2. El príncipe y el mendigo – Mark Twain
3. Corazón – Edmundo De Amicis
4. La madre – Máximo Gorki
5. El Cid Campeador – Anónimo
6. Hamlet – William Shakespeare
7. Las mil y una noches – Anónimo
8. Viaje al centro de la Tierra – Julio Verne
9. La isla del tesoro – Robert L. Stevenson
10. El fantasma de Canterville – Oscar Wilde
11. El diablo cojuelo – Luis Vélez de Guevara
12. El tulipán negro – Alejandro Dumas
13. El lazarillo de Tormes – Anónimo
14. La Odisea – Homero
15. Los miserables – Víctor Hugo
16. El conde de Montecristo – Alejandro Dumas
17. Don Quijote de la Mancha – Miguel de Cervantes
18. El último mohicano – Fenimore Cooper
19. Nuestra señora de París – Víctor Hugo
20. Simbad el Marino – Anónimo
21. Cyrano de Bergerac – Edmond Rostand
22. Romeo y Julieta – William Shakespeare
23. María – Jorge Isaacs
24. La cabaña del tío Tom – Harriet Beecher Stowe
25. La Ilíada – Homero
26. El tesoro de los incas – Emilio Salgari
27. La divina comedia – Dante Alighieri
28. La vuelta al mundo en 80 días – Julio Verne
29. Prometeo encadenado – Esquilo
30. De la Tierra a la Luna – Julio Verne
31. Veinte mil leguas de viaje submarino – Julio Verne
32. Crimen y castigo – Fiódor Dostoyevski
33. La isla misteriosa – Julio Verne
34. Albert Einstein – Flores Lázaro

35. Napoleón Bonaparte – Flores Lázaro
36. Alfred Nobel – Flores Lázaro
37. El Horla y otros cuentos – Guy de Maupassant
38. Cuentos – Edgar Allan Poe
39. Miguel Strogoff – Julio Verne
40. El Chancellor – Julio Verne
41. Fleming – Flores Lázaro
42. Martin Luther King – Flores Lázaro
43. Cristóbal Colón – Armonía Rodríguez
44. Leyendas – Gustavo Adolfo Bécquer
45. Albert Schweitzer – Flores Lázaro
46. El paraíso perdido – John Milton
47. Oliver Twist – Charles Dickens
48. El extraño caso del Dr. Jekyll y Mr. Hyde – Robert L. Stevenson
49. El retrato de Dorian Grey – Oscar Wilde
50. Resurrección – León Tolstói
51. Los hijos del capitán Grant – Julio Verne
52. Moby Dick – Herman Melville
53. Cuentos de Hoffmann – Amadeus Hoffmann
54. Historia de dos ciudades – Charles Dickens
55. Viajes y aventuras de Marco Polo – Flores Lázaro
56. Los últimos días de Pompeya – E. Bulwer-Lytton
57. Tragedia – Eurípides
58. El retrato – Nikolái Gógol
59. Las aventuras de Tom Sawyer – Mark Twain
60. El diablo de la botella – Robert L. Stevenson
61. Los viajes de Gulliver – Jonathan Swift

www.ingramcontent.com/pod-product-compliance
Lightning Source LLC
Chambersburg PA
CBHW031509040426
42444CB00023B/424